高等职业教育创新创业系列教材

以成果为导向的情境式可视化创新创业训练系统

创新创业基础

（第三版）

陈宏　李勇　张晶　编著

创新创业课程资源库

案例 ● 教案 ● 音视频 ● PPT课件 ● 电子教材

策划方案 ● 课程思政资料和图片 ● 创业计划书

扫描二维码，进入课程思政专栏

南京大学出版社

图书在版编目（CIP）数据

创新创业基础 / 陈宏，李勇，张晶编著. -- 3版
. -- 南京：南京大学出版社，2023.9（2025.8重印）
ISBN 978-7-305-27167-0

Ⅰ. ①创… Ⅱ. ①陈… ②李… ③张… Ⅲ. ①创业
Ⅳ. ①F241.4

中国版本图书馆CIP数据核字（2023）第133200号

高等职业教育创新创业系列教材

以成果为导向的情境式可视化创新创业训练系统

创新创业基础（第三版）

陈 宏 李 勇 张 晶 编著

出 版 者 南京大学出版社
社　　址 南京市汉口路22号　　邮 编：210093

书　　名 创新创业基础
CHUANGXIN CHUANGYE JICHU
编　　著 陈 宏 李 勇 张 晶
责任编辑 尤 佳　　编辑热线 025-83592315

照　　排 南京新华丰制版有限公司
印　　刷 南京凯德印刷有限公司
开　　本 889mm×1194mm 1/16 开 印张 5.5 字数 166千
版　　次 2023年9月第3版 2025年8月第3次印刷
ISBN 978-7-305-27167-0
定　　价 40.00元

网　　址 http://www.njupco.com
发行热线 025-83594756 83686452
电子邮箱 press@NjupCo.com
sales@NjupCo.com（市场部）

创新 创业在成长

序

种下大学生创新创业的种子，在适合的时间、适合的土壤，种子就会生根、发芽、成长。

我是2005年6月和创业伙伴一起创建广州采纳企业管理顾问有限公司的，如果从财富的积累和公司的规模来说，我不是一个成功的创业者，但我创建的“广州采纳”历经了十几年风风雨雨依然“活着”，我应该也不能算是一个失败的创业者。与持续反复创业的创业者相比，我至今只创业过一次，但创业过程中的酸、甜、苦、辣我都体验过，即使后来走在最狭窄的路上，公司只剩下我一个人的时候，我也依然坚持着，因为我不能抛弃，也不能放弃我自己的梦想。现在我坐在桌前给《创新创业基础》写序，创业的往事一一浮现在眼前，创业的励志经历让我瞬间处于满血状态：只要自己不放弃自己，全世界都放弃不了你！我所理解的成功就是无数次地历经苦、痛、忧、乐，陶冶升华到一个从沸腾回归平静的过程，宠辱不惊看风云变幻，谈笑间花开花落。

我创业的动机很简单：辞别朝九晚五的日子，尝试一种更具挑战性的新活法。我选择进入咨询行业创业，是因为我开设公司时，已有5个行业10多年的工作经历积累，而且我也喜欢用创新的方式制订解决问题的方案去帮助别人，在自己喜欢且比较熟悉的领域才能迅速成长。我根据自己的优势进行过咨询市场细分，专门定位为连锁企业提供咨询服务。然而到了2012年，我发现选错了行业：第一，咨询这一行业对人的要求太高了，人脑的智慧通常很难大规模复制；第二，涉及咨询行业的人多有一颗不安分的创业之心。从2005年6月开始，陆续有很多大学生进入广州采纳实习、工作，他们从广州采纳出来后，50%的人选择了自我创业，特别是开店面经营和连锁经营的居多，另外的50%找到了更好的工作。由此我开始思考另外一个问题：既然我做连锁咨询服务直接或间接促成了一些人创业，而且提高了很多大学生的就业技能，那么我能不能把自己的价值再放大些呢？这样更有成就感，因为对我而言，成就感远远大于对金钱直接获取产生的满足感。在这样的思考驱使下，2013年7月当广东岭南职业技术学院原创业管理学院院长张锦喜经朋友介绍找到我时候，我们一谈即合。

我进入广东岭南职业技术学院创业管理学院教授的课程是“实体经营”（含连锁经营），同时担任创业项目特训营导师。在创业管理学院需要解决的是大学生多角度创新思维训练、情境式创业课堂模拟、项目实训和创业项目孵化等课题。现在市面上大多是文字繁多、大而全的知识灌输式创业教材，并不能适应新形态下的大学生创业技能训练需要。真正的大学创业导师不仅是老师和有丰富实战经验的企业教练身份的融合，更应该是情境式教案的设计者、生动化课堂的参与者和项目成果的促成者，而不是标准答案的制订者、理论知识的灌输者和结果对错的裁判者。本书与我之前编著的《实体经营》《创业经营实战》等同属创新创业系列特色教材，在内容设计上都进行了多种创新。《创新创业基础》分为创新思维训练和创新创业基础两个模块，以可视化的方式呈现横向水平的广度和纵向垂直的深度，游戏化的任务线索隐含在情境式翻转课堂图中，即可供高校作为教材或辅助训练工具使用，也可用于企业的相关内训；既可供团队训练使用，也可供个人学习和解决问题提供思路参考。

本书为《创新创业基础》第三版，在配套网站上了增加了党的二十大精神内容，并在每个模块章节增加了课程思政的相关讨论内容。本书每个模块均配有可视化思维导图树，便于学生和老师在对每个模块整体把握的基础上有的放矢地运用和演练。愿你的创新创业项目已经在路上，愿我们的创新创业事业不断在成长！

感谢所有看到和使用本书的人！

陈宏

2023年6月于广州

目　录
CONTENTS

第一模块：创新思维训练

第二模块：创业基础训练

《创新思维训练》思维导图树

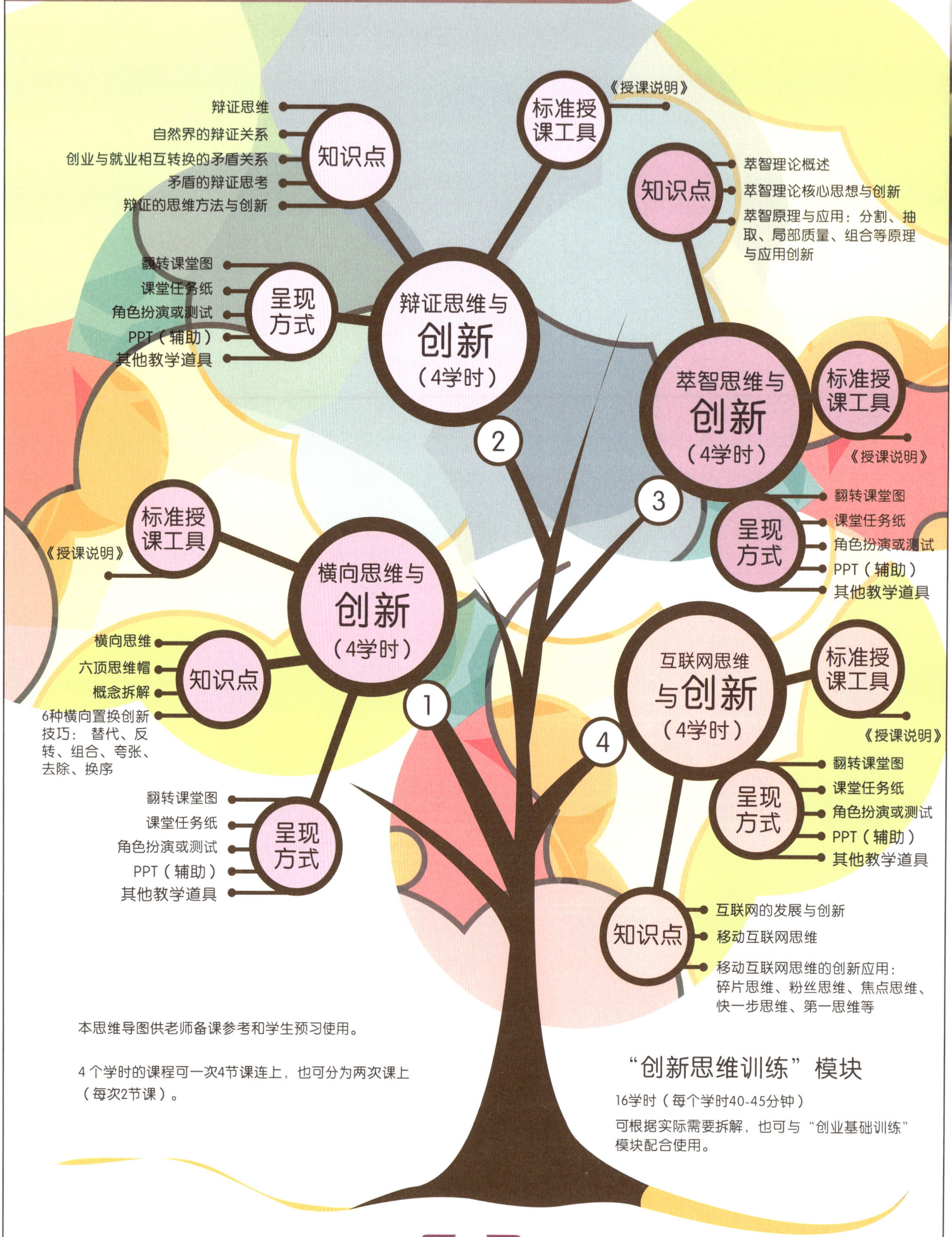

本思维导图供老师备课参考和学生预习使用。

4个学时的课程可一次4节课连上，也可分为两次课上（每次2节课）。

“创新思维训练”模块

16学时（每个学时40-45分钟）

可根据实际需要拆解，也可与“创业基础训练”模块配合使用。

高等职业教育创新创业系列教材

以成果为导向的情境式可视化创新创业训练系统

创新创业课程资源库

案例 ● 教案 ● 音视频 ● PPT课件 ● 电子教材

策划方案 ● 课程思政资料和图片 ● 创业计划书

扫描二维码，进入课程思政专栏

创新思维训练之 1

横向思维与创新

创新思维训练之 1

横向思维与创新

• 情境式翻转课堂图 •

A 概念拆解

概念拆解如同一架拍摄用的无人机，把可以脱卸的零部件全部独立拆解开来，使其成为独立的个体或者其他的事物。

A1

正向思维：电脑由哪些部分构成？
反向思维：电脑可以拆解成什么？

A2

延长人的手臂还有什么方法可以解决？

A3

如何最快实现环游世界？

一种交通工具
由人力驱动
有轮子
有运动功能
……

A4

能满足以上条件的还有哪些？

一个问题这样被我们不断地拆分下去，就会形成很多各自独立的问题，或者更为清晰的问题，因此就会促使我们产生更多的新想法和事物类比，解决难题的途径就会越来越宽广，这就是横向思维中的概念拆解方法。

B1 你能否开发出一种不像茶叶的 茶叶 产品？

B2 你能否开发出一种不像矿泉水的 矿泉水 产品？

B 横向思维

横向思维就是让逻辑思维“出轨”，思维“出轨”才更有可能创新。

逻辑思维与横向思维

1. 横向思维与逻辑思维对立，逻辑思维发现有不符合逻辑的就停止思考，而横向思维则继续延伸。
2. 逻辑思维特征是分析，横向思维特征是寻找更多非逻辑性答案。

横向思维 7 特点

1. 多角度审视：不急于判断它是什么，而是思考它可能是什么；
2. 终点回到起点：先设定终点目标，在返回过程中发现新路；
3. 逃离逻辑：从思考分析的惯性中脱离，不再纠缠是否合理；
4. 偶然触发：通过随机诞生的概念、词汇等来触发新的思路；
5. 创意提取：从随机诞生的概念中发现和提取有价值的创意点；
6. 概念拆解：将大概念拆解成各种小概念，无需考虑关联性；
7. 概念交叉：将各种新想法、新观点与终点目标进行创意交叉。

B3 瓜子网卖 瓜子 吗？

B4 小米是 小米 吗？

……
蜗牛是牛吗？ 酱油是油吗？ 姑娘是娘吗？
……

C 横向思维经典训练：六顶思维帽

重要的是“能成为什么?”，而非“本身是什么?”。

注重数据和可行性

喜欢创新、创意

冲动、用直觉判断

擅长发现缺点、缺陷

擅长发现优点、闪光点

擅长综合判断做决策

训练场地布置示意图
（训练前按6–8人组建团队）

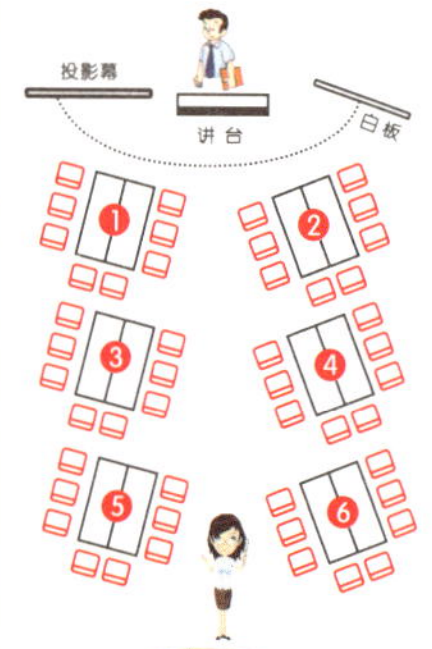

大小色子或折纸条抓阄均可

每个团队成员分别选出对应数字的帽子

6 2 3
4 1 5

D 横向思维触发创新

例：水平营销的6种横向置换创新技巧

D1 替代

如：用无菌纸盒（利乐装）替代塑料瓶装牛奶

D2 反转

不能坐着喝的新鲜咖啡，如85℃。

D3 组合

如：装有温度显示的儿童汤勺。

D4 夸张

如：200升的可乐

D5 去除

如：只能打电话和接听的儿童手机。

D6 换序

看过照片之后再晒出照片，如数码相机。

思维知识拓展

水平化思维与创新技巧

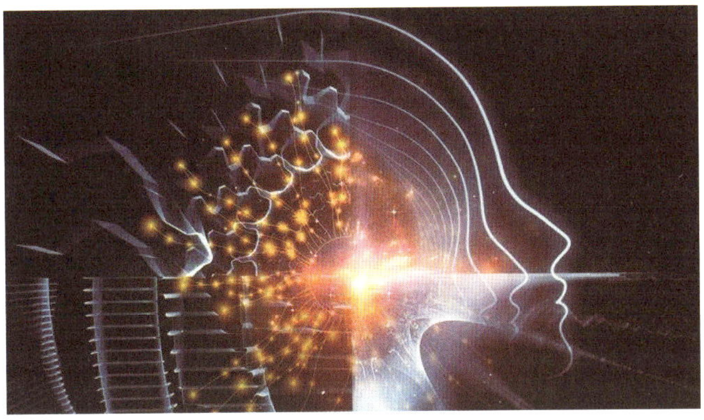

【问题聚焦】

梭鱼是一种以其他鱼类为食的大型淡水鱼。把一条梭鱼放在一个玻璃鱼缸里，用一个玻璃隔板将其与一些鲤鱼隔开。梭鱼不断想去攻击鲤鱼，但每次都狠狠地撞到玻璃隔板上。经过一段时间后，工作人员小心地取下隔板，可是梭鱼安然地待在原来的区域，并没有攻击鲤鱼。“梭鱼综合症”指的就是没感知环境的变化，错误地假设自己完全了解情况，依然按照既定的模式去面对变化的环境。

我们有时就像梭鱼一样，运用我们积累的假设和偏见来处理问题。经常认为基本假设没有任何问题，并在这一假设基础上将不同想法组合在一起，形成不同的模式。但是实际上，基本假设本身也是可供重构的模式。水平思维的目的，就是挑战所有假设，这种思维方式的意义在于尝试并重构模式，以帮助我们突破陈旧模式，僵化思想和教条主义。

【水平化思维如何创新？】

● 质疑假设。1901年，年轻的古列尔莫·马可尼来到英国进行无线电波通过大西洋传播试验。无数的专家嘲笑和质疑这个想法，他们一直认为无线电波是直线传播的，而地球是一个球体，所以这些专家理所当然的认为，直射出去的无线电信号将进入无限的太空中去。马可尼坚持他的实验，他在英国的康沃尔设立了发射机，在美国的纽芬兰设立了接收机。令人惊讶的是，他成功地将无线电信号发送到了大西洋彼岸。原来，地球周围有一层带电荷的层，即电离层，它能反射无线电信号。事实证明，那些专家根据自己的基本假设做出的判断和推理是错误的。

● 暂缓评判。水平思维允许过程中出现错误，不要求每一步都要正确，但要求每一步都有效，因而水平思维追求最终结果的正确。水平思维也允许利用不正确的信息编排方式来启发正确的重组方式，从过程来看，水平思维需要的是改变。因此，不要急于评判。

● 随机刺激。我们的大脑是懒惰的，为了节省能量，它会自动地选择熟悉的模式，用一贯的方式去看待和解决问题。当引入随机刺激时，大脑会强迫在信息间产生联系，并会不加选择地使用信息，迫使我们从新的视角开始思考，从而形成新的模式。

● 分割、重组、标签。通过分割完整的环境或重组不同单元得到的某个新单元后，可以通过新标签来定义这个新单元。新单元一旦确定，就变成了一个新的独立模式。两个事物的结合可能产生新标签，新标签可能创造出新的事物；一个事物的标签反面是一个新的事物，当然也拥有一个新的标签。

水平化思维的经典训练模式

【问题聚焦】

六顶思考帽是英国学者爱德华·德博诺（Edward de Bono）博士开发的一种水平思维训练模式，它提供了“水平思维”的工具，强调的是“能够成为什么”，而非“本身是什么”，是寻求一条向前发展的路，而不是争论谁对谁错。运用六顶思考帽，将会使混乱的思考变得更清晰，使团体中无意义的争论变成集思广益的创造，使每个人变得富有创造性。

【六顶思考帽的六种思考方式】

● 白色思考帽。白色代表中立和客观，戴上白色思考帽，思考和关注的是客观事实和数据。

● 绿色思考帽。绿色象征勃勃生机，绿色思考帽寓意创造力和想象力，具有创造性思考、头脑风暴、求异思维等功能。

● 黄色思考帽。黄色代表价值与肯定，戴上黄色思考帽，从正面考虑问题，表达乐观的、满怀希望的、建设性的观点。

● 黑色思考帽。戴上黑色思考帽，可以运用否定、怀疑、质疑等方式进行合乎逻辑的批判，攻击缺点，找出逻辑上的错误。

● 红色思考帽。红色是情感的色彩，戴上红色思考帽，可以表现正面情绪，也可以表达直觉、感受、预感等。

● 蓝色思考帽。蓝色思考帽负责控制和调节思维过程，负责控制各种思考帽的使用顺序，规划和管理整个思考过程，并做出结论。

【六顶思考帽的应用流程】

● 戴上“白色思考帽”，搜集各环节的信息，收集各个部门存在的问题，以找到基础数据。

● 戴上“绿色思考帽”，用创新的思维来考虑这些问题，不是一个人思考，而是团队成员都用创新的思维去思考，大家提出各自解决问题的办法、好的建议、好的措施。也许这些方法不对，甚至无法实施。但是，运用创新的思考方式就是要跳出一般的思考模式。

● 分别戴上“黄色思考帽”和“黑色思考帽”，对所有的想法从“光明面”和“良性面”进行逐个分析，对每一种想法的危险性和隐患进行分析，找出最佳切合点。

● 再戴上“红色思考帽”，从经验、直觉上，对已经过滤的问题进行分析、筛选，做出决定。

● 在思考的过程中，随时运用“蓝色思考帽”，对思考的顺序进行调整和控制，甚至有时还要刹车。在整个思考过程中，可根据实际情况随时调换思考帽，进行不同角度的分析和讨论。

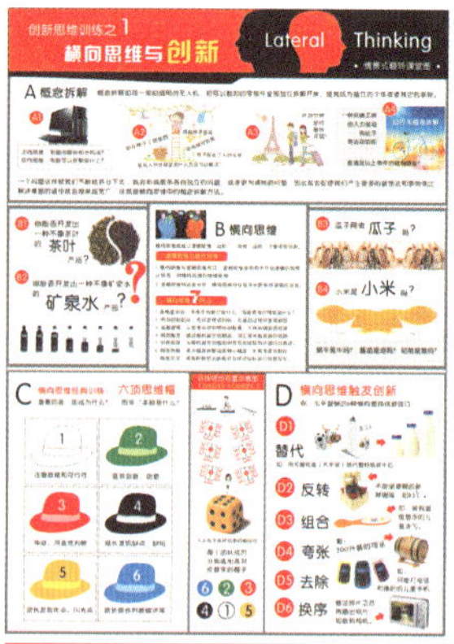

任务可团队分工完成，也可个人独立完成；可直接写在任务纸上，也可在自行准备的练习本上完成（注明任务名称）。

《横向思维与创新》翻转课堂情境图任务 A

时间TIME:
年 月 日

2学时

个人姓名: 团队名称: 任务名称:

实到团队成员:

迟到团队成员:

旷课团队成员: 请假团队成员:

情境图任务的参考答案线索和思路都隐含在情境图和任务纸中，请灵活掌握。线索和思路不是标准答案，仅起到参考和抛砖引玉的作用。《授课说明》和课件 PPT 非学习必备配套，没有亦不影响使用。

横向思维的特点

多角度呈现 | 终点回到起点 | 逃离逻辑 | 偶然触发 | 创意提取 | 概念拆解 | 概念交叉

请参考《横向思维与创新》情境图B，完成以下任务：

1.在横向思维的7个特点中，选你认为最重要一个，结合案例阐述。

2.横向思维与逻辑思维有哪些不同？结合实际案例阐述。（翻转课堂）

运用横向思维进行产品构思和创意

请参考《横向思维与创新》情境图B1、B2，完成以下任务：

1.请从产品研发的角度构思和创意一种不像________的________产品。

2.请从包装设计的角度构思和创意一种不像________的________产品。

运用横向思维进行延伸思考

请参考《横向思维与创新》情景图B3、B4，完成以下任务并翻转课堂：

1.为什么在互联网上“瓜子”卖二手车、“小米”卖手机有大量的“粉丝”？

2.如果在实体店取名“瓜子”卖二手车、实体店取名“小米”卖手机会怎样？

横向思维之概念拆解训练 -1

请参考《横向思维与创新》情境图A1、A2，完成以下任务：

1.如果让你拆解一架拍摄用的无人机，你能拆解成哪些部分？

2.延长人的手臂除了借助梯子还有哪些方法可以解决？（列举不少于20个）

横向思维之概念拆解训练 -2

请参考《横向思维与创新》情境图A3、A4，完成以下任务：

1.“我要努力挣钱，早点退休，退休后到世界各地旅游。”从逻辑思维的角度分析，这个愿望要何时能实现？为什么？从横向思维的角度分析，这个愿望何时能实现？如何实现？

2.根据自行车概念的拆解，能满足“一种交通工具、由人力驱动、有轮子、有运动功能”等条件的交通工具除了自行车还可以有哪些？（列举不少于15个）

学习心得

根据任务的难度和完成的质量、数量、创新性、相关性、匹配程度等，给予具体评分： 90-99、80-89、70-79、60-69、50-59、40-49、30-39、0-29。未做任务者计0分。

讨论与分享

课程思政

在以下思政元素中，选择一个与本模块章节相匹配的，学生团队讨论后，派代表上台分享相关案例。

1.创业带动就业，属于民生工程。
2.创业精神，如创新精神、合作精神、民族精神、进取精神、拼搏精神、艰苦奋斗精神、吃苦耐劳精神等。
3.创业与青年学子的理想、使命与担当。
4.创业与个人价值、社会价值的实现，如何为国家繁荣富强做出贡献。
5.创业法律法规与法治。
6.创业中的敬业。
7.创业中的诚信。
8.创业中的友善。
9.创业中融入爱国主义，通过培养创新创业精神，在创新创业实践中开展爱国主义教育。
10.创业中自己要成为什么样的人？如何成为社会主义建设者和接班人，如何为人民服务？
11.创业理论学习与实践中，如何理解理论性和实践性相统一，如何理解“认识–实践–再认识–再实践”。
12.创业与四个自信、四个意识。
13.创业精神与历史主动精神。
14.创业技能与工匠精神。
15.创业实践与劳动教育。
16.创业人才与国家战略发展和人才管理。
17.其他思政元素（具体填写）：______________________

____

创新创业课程资源库

案例 ● 教案 ● 音视频 ● PPT课件 ● 电子教材
策划方案 ● 课程思政资料和图片 ● 创业计划书

扫描二维码，进入课程思政专栏

我的思考：

团队讨论

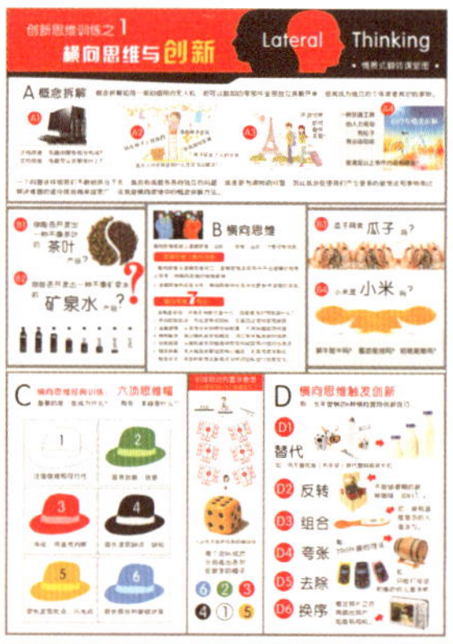

任务可团队分工完成，也可个人独立完成；可直接写在任务纸上，也可在自行准备的练习本上完成（注明任务名称）。

《横向思维与创新》翻转课堂情境图任务 B

时间TIME：

年　月　日

2学时

个人姓名：　　　　团队名称：　　　　任务名称：

实到团队成员：

迟到团队成员：

旷课团队成员：　　　　请假团队成员：

情境图任务的参考答案线索和思路都隐含在情境图和任务纸中，请灵活掌握。线索和思路不是标准答案，仅起到参考和抛砖引玉的作用。《授课说明》和课件PPT非学习必备配套，没有亦不影响使用。

横向思维的衍生思考

请参考《横向思维与创新》情境图B，完成以下任务：

- 蜗牛是牛吗？如果不是牛为什么有个“牛”字？（翻转课堂）

- 酱油是油吗？如果不是油为什么有个“油”字？（翻转课堂）

- 姑娘是娘吗？如果不是娘为什么有个“娘”字？（翻转课堂）

横向思维的团队运用：六顶思维帽-1

请参考《横向思维与创新》情境图C，完成以下任务：

1.团队各成员按抽选的数字，描述一下自己选中的思维帽有什么特点？

2.自己抽选的思维帽和自己喜欢的思维帽有什么区别？区别在哪里？

横向思维的团队运用：六顶思维帽-2

请参考《横向思维与创新》情境图C，完成以下任务：

1.按照六顶思维帽的组合，对照一下你们团队在组合上有哪些缺陷？

2.你们现在要开发一款不像茶叶的茶叶产品，如何运用六顶思维帽的团队横向思维去配合完成？

横向思维之营销创新训练-1（翻转课堂）

请参考《横向思维与创新》情境图D1、D2、D3，完成以下任务：

1.请用“替代”的横向思维构思一款新产品。

2.请用“反转”的横向思维构思一款新产品。

3.请用“组合”的横向思维构思一款新产品。

横向思维之营销创新训练-2（翻转课堂）

请参考《横向思维与创新》情境图D4、D5、D6，完成以下任务：

1.请用“夸张”的横向思维构思一款新产品。

2.请用“去除”的横向思维构思一款新产品。

3.请用“换序”的横向思维构思一款新产品。

学习心得

根据任务的难度和完成的质量、数量、创新性、相关性、匹配程度等，给予具体评分：　90-99、80-89、70-79、60-69、50-59、40-49、30-39、0-29。未做任务者计0分。

创新创业课程资源库

案例 ● 教案 ● 音视频 ● PPT课件 ● 电子教材

策划方案 ● 课程思政资料和图片 ● 创业计划书

扫描二维码，进入课程思政专栏

创新思维训练之 2

辩证思维与创新

创新思维训练之 2

辩证思维与创新

Dialectical thinking

• 情境式翻转课堂图 •

A 自然界的辩证关系

A1 水与火

A2 乌龟与兔子

A3 羊与草

A4 峰顶与谷底

A5 乌鸦与喜鹊

B 什么是辩证思维?

辩证思维是指以变化发展视角认识事物的思维方式。

辩证思维通常被认为是与逻辑思维相对立的一种思维方式。

辩证思维中，事物可以在同一时间里"亦此亦彼""亦真亦假"而无碍思维活动的正常进行。在逻辑思维中，事物一般是"非此即彼""非真即假"，而辩证思维中的彼此和真假都是可以相互转换的。

C 创业与就业相互转换的矛盾关系

C1 强与弱

C2 好与坏

C3 石与玉

C4 多与少

C5 坚与柔

训练场地布置示意图

（训练前按6–8人组建团队）

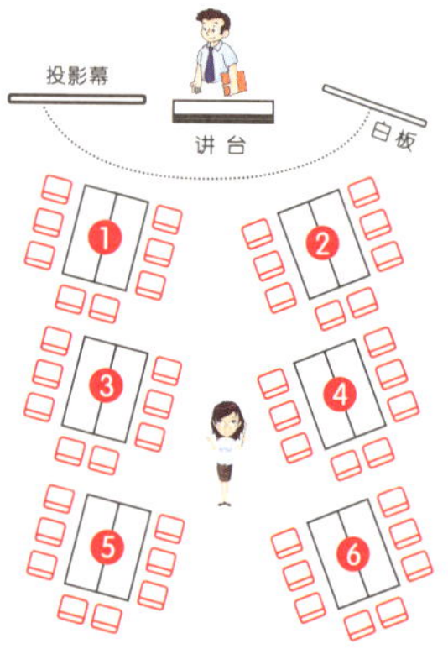

D 如何把鸡蛋立在桌子上?

E 矛盾的辩证思考

一个好汉三个帮

E1 靠人不如靠己

宁为玉碎，不为瓦全

E2 留得青山在，不怕没柴烧

狭路相逢勇者胜

E3 退一步海阔天空

贫贱不能移

E4 人穷志短，马瘦毛长

出污泥而不染

E5 近朱者赤，近墨者黑

金钱不是万能的

E6 没有金钱是万万不能的

F 辩证的思维方法与创新

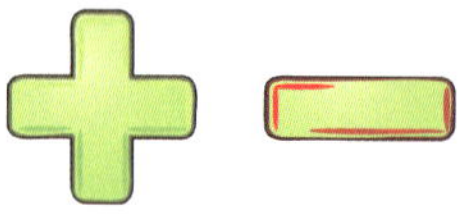

F1 加与减

（1）加一加：加高、加厚、加多、组合等。
（2）减一减：减轻、减少、省略等。

F2 扩与缩

（1）扩一扩：放大、扩大、提高功效等。
（2）缩一缩：压缩、缩小、微型化。

F3 联与搬

（1）联一联：把原因和结果联系起来。
（2）搬一搬：搬移，移作他用。

F4 学与变

（1）学一学：模仿形状、结构、方法等。
（2）变一变：变形状、颜色、气味、次序等。

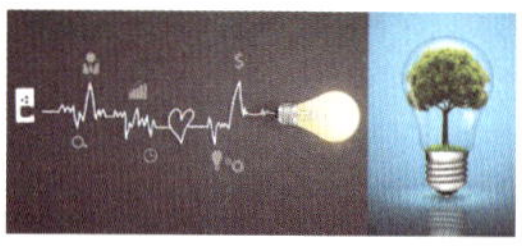

F5 改与代

（1）改一改：改缺点、改不便、改不足之处。
（2）代一代：用别的材料和别的方法代替。

F6 定与反

（1）定一定：定个界限、标准。
（2）反一反：能否颠倒一下?

思维知识拓展

发散式思维

【问题聚焦】

发散式思维（Divergent Thinking），又称辐射思维、放射思维、扩散思维或求异思维，是指大脑在思考时呈现的一种扩散状态的思维模式。它表现为思维视野广阔，思维呈现出多维发散状，“一题多解”“一事多写”“一物多用”等都是发散式思维方式。不少心理学家认为，发散式思维是创造性思维的最主要的特点，是测定创造力的主要标志之一。

发散式思维能够打破原有的思维格局，给创造者提供一种全新的思考方式。发散式思维的实质是要突破常规和定势，打破旧框框的限制，提供新思路、新思想、新概念、新办法。

【发散式思维的主要特点】

● 流畅性。当面对问题情景时，个人在规定的时间内产生的解决方法的数量多少，能够反映出心智的灵活程度和思路的通达程度。

● 变通性。即灵活性，指个人面对问题情境时，不墨守成规，不钻牛角尖，能随机应变，触类旁通。对同一问题，想出不同类型答案越多者，变通性越高。

● 独创性。个人面对问题情境时，能独具慧眼，想出不同寻常的、超越自己也超越同辈的方法，具有新奇性。

【发散式思维的主要训练方法】

● 训练方法一：功能扩散。以某种事物的功能为扩散点，设想出获得该功能的各种可能性。例如：尽可能多地设想水的用途；尽可能多地想出使脏衣服去污的办法等。

● 训练方法二：结构扩散。以某种事物的结构为扩散点，设想出利用该结构的各种可能性。例如：尽可能多列举具有“立方体”结构的东西；尽可能多地列举具有“旋钮式”结构的东西等。

● 训练方法三：形态扩散。以事物的形状、颜色、声音、味道、明暗等为扩散点，设想出利用某种形态的可能性。例如：尽可能多地设想利用红光可以做什么或办什么事；尽可能多地设想利用辣味可以做什么或办什么事等。

● 训练方法四：组合扩散。从某一事物出发，尽可能多地设想与另一事物（或一些事情）联结成具有新价值（或附加价值）的新事物的各种可能性。例如：尽可能多地说出钥匙圈可以同哪些东西组合在一起。

发散式思维的主要类型

【类型一：立体思维】

● 立体思维思考问题时常会跳出点、线、面的单一限制。如：立体绿化（屋顶花园增加绿化面积、减少占地、改善环境、净化空气）；立体农业（广西龙胜梯田）；立体渔业（网箱养鱼）等。

【类型二：逆向思维】

● 从相反方向思考问题的方法，也叫作反向思维。客观世界中许多事物之间可相互产生，甲能产生乙，乙也能产生甲。如：化学能可以产生电能：意大利科学家伏特于1800年发明了伏特电池。反过来电能也能产生化学能：通过电解，英国化学家戴维1807年发现了钾、钠、钙、镁、锶、钡、硼等七种元素。再如：说话声音高低能引起金属片相应的振动，相反金属片的振动也可以引起声音高低的变化：爱迪生在对电话改进中，发明制造了世界上第一台留声机。

【类型三：侧向思维】

● 当一个人为某一问题苦苦思索时，在大脑里形成了一种优势灶，一旦受到其他事物的启发，就很容易与这个优势兴奋灶产生相联系的反映，从而解决问题。如：19世纪末，法国园艺学家莫尼哀从植物的盘根错节想到水泥加固的方法。

【类型四：横向思维】

● 相对于纵向思维而言的一种思维形式。纵向思维是按逻辑推理的方法直上直下的收敛性思维，而横向思维是当纵向思维受挫时，从横向寻找问题答案。正像时间是一维的，空间是多维的一样，横向思维与纵向思维则代表了一维与多维的互补。最早提出横向思维概念的是英国学者德博诺，他创立横向思维概念的目的是针对纵向思维的缺陷提出与之互补、对立的思维方法。

【类型五：多路思维】

● 解决问题时不是一条路走到黑，而是从多角度、多方面思考，多路思维是发散思维中最常见的类型。

【类型六：组合思维】

● 从某一事物出发，以此为发散点，尽可能多地与另一个（或一些）事物联结成具有新价值（或附加价值）的新事物的思维方式。在科学界、商业和其他行业都有大量的组合创造的实例，如：牛顿组合了开普勒天体运行三定律和伽利略的物体垂直运动与水平运动规律，从而创造了经典力学，引起了以蒸汽机为标志的技术革命。

任务可团队分工完成，也可个人独立完成；可直接写在任务纸上，也可在自行准备的练习本上完成（注明任务名称）。

《辩证思维与创新》翻转课堂情境图任务 A

时间TIME:

年　月　日

2学时

个人姓名：　　　　团队名称：　　　　任务名称：

实到团队成员：

迟到团队成员：

旷课团队成员：　　　　请假团队成员：

情境图任务的参考答案线索和思路都隐含在情境图和任务纸中，请灵活掌握。线索和思路不是标准答案，仅起到参考和抛砖引玉的作用。《授课说明》和课件 PPT 非学习必备配套，没有亦不影响使用。

关于辩证关系的一些思考

请参考《辩证思维与创新》情境图 A1，完成以下任务：

1.你认为是水火不相容，还是水火相容？为什么？（翻转课堂）

2.如果水和火之间加上一个壶，能做到水火相容吗？为什么？（翻转课堂）

3.创业和就业能有机结合起来吗？请举例。（翻转课堂）

4.“为自己做就是为公司做”，这种机制叫作什么？请举实例。（翻转课堂）

什么是辩证思维？

请参考《辩证思维与创新》情境图B、A2，完成以下任务：

1.结合生活实际阐述：什么是辩证思维？

2.乌龟和兔子从北京到广州长途跋涉，在路途中不会游泳的兔子遇到没有桥和没有渡船的河，乌龟遇到坎坷的丘陵和高山，兔子和乌龟的劣势是否可以转换为优势？如何转换？

辩证思维模块-1

请参考《辩证思维与创新》情境图A3，完成以下任务并翻转课堂：

1.“一只羊被拴在冬天的树上，而它吃的草却在春天的路上。”请结合实际案例阐述：创业遇到这种情况怎么办？

2.“水到尽头天作岸，山登绝顶人为峰”，请结合实际案例阐述你对这句话的理解。

辩证思维模块-2

请参考《辩证思维与创新》情境图A4，完成以下任务：

1.人登到山顶后，所有的路都是什么路？（翻转课堂）

2.到深谷水底，只要人活着，还能继续下跌吗？（翻转课堂）

3.结合实际案例阐述“乐极生悲”“否极泰来”的道理。（翻转课堂）

辩证思维模块-3

请参考《辩证思维与创新》情境图A5，完成以下任务并翻转课堂：

1.中国有一种文化叫“喜鹊文化”，美国有一种文化叫“乌鸦文化”，这两种文化各有什么特点？

2.如果你见到乌鸦向你飞过来或停留在枝头不走，是好还是不好？如果你见到乌鸦向你反方向飞走，是好还是不好？为什么？

3.如果你见到喜鹊向你飞过来或停留在枝头不走，是好还是不好？如果你见到喜鹊向你反方向飞走，是好还是不好？为什么？

学习心得

根据任务的难度和完成的质量、数量、创新性、相关性、匹配程度等，给予具体评分：90–99、80–89、70–79、60–69、50–59、40–49、30–39、0–29。未做任务者计 0 分。

讨论与分享

课程思政

在以下思政元素中，选择一个与本模块章节相匹配的，学生团队讨论后，派代表上台分享相关案例。

1.创业带动就业，属于民生工程。
2.创业精神，如创新精神、合作精神、民族精神、进取精神、拼搏精神、艰苦奋斗精神、吃苦耐劳精神等。
3.创业与青年学子的理想、使命与担当。
4.创业与个人价值、社会价值的实现，如何为国家繁荣富强做出贡献。
5.创业法律法规与法治。
6.创业中的敬业。
7.创业中的诚信。
8.创业中的友善。
9.创业中融入爱国主义，通过培养创新创业精神，在创新创业实践中开展爱国主义教育。
10.创业中自己要成为什么样的人？如何成为社会主义建设者和接班人，如何为人民服务？
11.创业理论学习与实践中，如何理解理论性和实践性相统一，如何理解“认识–实践–再认识–再实践”。
12.创业与四个自信、四个意识。
13.创业精神与历史主动精神。
14.创业技能与工匠精神。
15.创业实践与劳动教育。
16.创业人才与国家战略发展和人才管理。
17.其他思政元素（具体填写）：______________________

____

创新创业课程资源库

案例 ● 教案 ● 音视频 ● PPT课件 ● 电子教材
策划方案 ● 课程思政资料和图片 ● 创业计划书

扫描二维码，进入课程思政专栏

我的思考：

团队讨论

任务可团队分工完成，也可个人独立完成；可直接写在任务纸上，也可在自行准备的练习本上完成（注明任务名称）。

《辩证思维与创新》翻转课堂情境图任务 B

时间TIME：

年　月　日

2学时

个人姓名：　　　　团队名称：　　　　任务名称：

实到团队成员：

迟到团队成员：

旷课团队成员：　　　　请假团队成员：

情境图任务的参考答案线索和思路都隐含在情境图和任务纸中，请灵活掌握。线索和思路不是标准答案，仅起到参考和抛砖引玉的作用。《授课说明》和课件 PPT 非学习必备配套，没有亦不影响使用。

创业与就业相互转换的矛盾关系-1

请参考《辩证思维与创新》情境图C1、C2，完成以下任务：

1.请结合案例阐述创业与就业“强与弱”矛盾转换的辩证关系。（翻转课堂）

2.请结合案例阐述创业与就业“好与坏”矛盾转换的辩证关系。（翻转课堂）

创业与就业相互转换的矛盾关系-2

请参考《辩证思维与创新》情境图C3、C4、C5，完成以下任务并翻转课堂：

1.结合案例阐述创业与就业“石与玉”矛盾转换的辩证关系。

2.结合案例阐述创业与就业“多与少”矛盾转换的辩证关系。

3.结合案例阐述创业与就业“坚与柔”矛盾转换的辩证关系。

矛盾的辩证思考

请参考《辩证思维与创新》情境图D、E，完成以下任务并翻转课堂：

1.将鸡蛋立在桌子上需要哪两个基础条件？结合实际案例阐述这两个基本条件和创业有什么关联性？

2.结合实际，在《辩证思维与创新》情境图E1-E6中任选三组进行阐述。

辩证的思维方法与创新

请参考《辩证思维与创新》情景图 F1、F2、F3，完成以下任务并翻转课堂：

1.结合实际项目或案例阐述：如何运用“加与减”的辩证思维方法进行创新？

2.结合实际项目或案例阐述：如何运用“扩与缩”的辩证思维方法进行创新？

3.结合实际项目或案例阐述：如何运用“联与搬”的辩证思维方法进行创新？

辩证的思维方法与创新

请参考《辩证思维与创新》情境图F4、F5、F6，完成以下任务并翻转课堂：

1.结合实际项目或案例阐述：如何运用“学与变”的辩证思维方法进行创新？

2.结合实际项目或案例阐述：如何运用“改与代”的辩证思维方法进行创新？

3.结合实际项目或案例阐述：如何运用“定与反”的辩证思维方法进行创新？

学习心得

根据任务的难度和完成的质量、数量、创新性、相关性、匹配程度等，给予具体评分：　90–99、80–89、70–79、60–69、50–59、40–49、30–39、0–29。未做任务者计 0 分。

创新思维训练之 3

萃智思维与创新

创新思维训练之 3

TRIZ萃智思维与创新

A 创新体系

金字塔式创新体系构成

- 辩证法、系统论、认识论
- 创新科学 创新思维培养 —— 创新思维
- 发明与创新规则系统（TRIZ 理论方法+ARIZ算法）—— 创新途径
- 专利分析（理论来源） 自然科学 —— 理论基础

功能分析：
发明问题标准解法

物场模型：
科学原理知识库

矛盾分析：
矛盾技术创新

资源分析：
物理矛盾
分离方法

B 原始的创新方法

第1次猜测 → 第1次排错 → 第N次猜测 → 第N次排错

试错经典案例：查尔斯•固特异和他的橡胶硫化技术

C 传统的创新方法 通过设置问题情景去定义问题

常用的传统创新方法有：头脑风暴法、形态分析法、特性列举法、缺点列举法、希望点列举法、联想类比法、反向求索法、废缺颠倒法、5W1H法、检核表法、魔球法、特尔斐设想法等。

设置问题情景（如头脑风暴法）

定义问题 筛选问题

真正的 问题

D TRIZ发明与创新规则系统

真正的 问题

→ TRIZ萃智创新方法 → 产生创新方案 → 方案评价 → 可行性方案落地

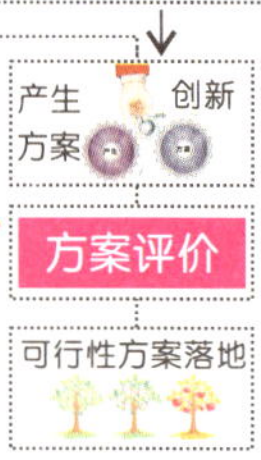

E TRIZ萃智创新技术40个原理方法（TRIZ创始人：根里奇·阿奇舒勒）

01	分离法	09	预先反作用法	17	多维运作法	25	自服务法	33	同化法
02	抽取法	10	预先作用法	18	机械振动法	26	复制法	34	自生自弃法
03	局部质量改善法	11	预先防范法	19	周期性动作法	27	廉价替代品法	35	性能转换法
04	增加不对称法	12	等势法	20	有效动作持续法	28	系统替代法	36	相变法
05	组合合并法	13	反向作用法	21	快速法	29	压力法	37	热膨胀法
06	一物多用法	14	曲线曲面化法	22	变害为利法	30	柔化法	38	逐级氧化法
07	套叠法	15	动态法	23	反馈法	31	孔化法	39	惰性环境法
08	重量补偿法	16	部分超越法	24	中介法	32	色彩法	40	复合材料法

F TRIZ 萃智原理与方法应用

G TRIZ 萃智原理与方法应用

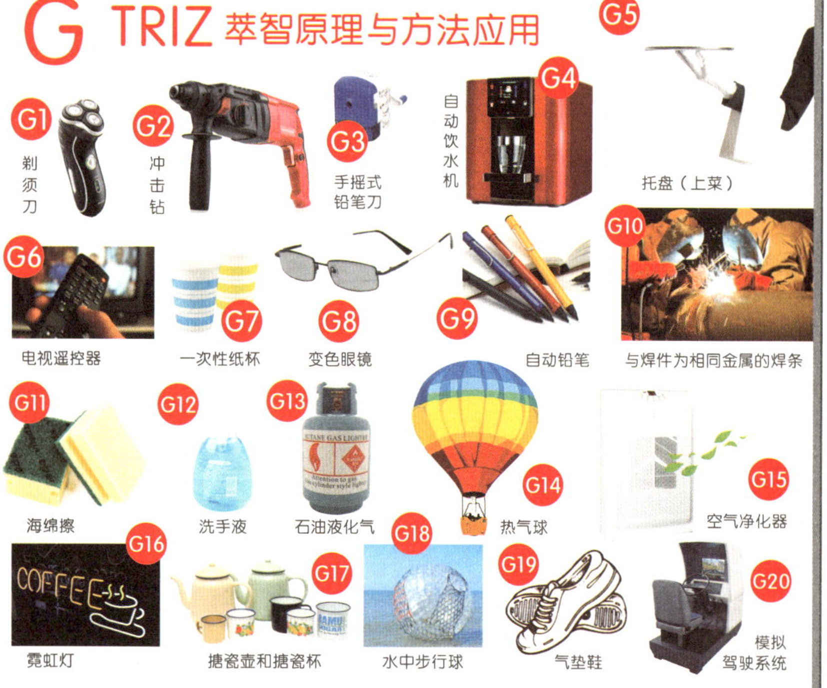

H 爆米花机的启迪 不同的行业，能不能采用相同的解决方法？

思维知识拓展

系统化思维的特点

【问题聚焦】

系统化思维是原则性与灵活性有机结合的基本思维方式。只有运用系统化思维，才能抓住整体，抓住要害，才能不失原则地采取灵活有效的方法处置事务。

客观事物是多方面相互联系并不断发展变化的有机整体。系统化思维就是把对象互相联系的各个方面及其结构和功能进行系统认识的一种思维方法。整体性原则是系统思维方式的核心，这一核心原则要求做事要立足整体，从整体与部分、整体与环境的相互作用过程来认识和把握整体。管理者和经营者思考和处理问题的时候，必须从整体出发，把着眼点放在全局上，注重整体效益和整体结果。只要合乎整体、全局的利益，就可利用灵活的方法来处置。

【系统化思维的主要特点】

● 整体性。系统化思维方式的整体性是由客观事物的整体性所决定，整体性是系统化思维方式的基本特征，它存在于系统化思维运动的始终，也体现在系统化思维的成果之中。系统化思维方式把整体作为出发点和归宿，在对整体情况充分理解和把握的基础上提出整体目标，然后提出满足和实现整体目标的条件，再提出能够创造这些条件的各种可供选择的方案，最后选择最优方案实现之。

● 结构性。系统化思维方式的结构性，就是把系统科学的结构理论作为思维方式的指导，强调从系统的结构去认识系统的整体功能，并从中寻找系统最优结构，进而获得最佳系统功能。

● 立体性。系统化思维方式是一种开放型的立体思维。立体思维是指主体在认识客体时要注意纵向层次和横向要素的有机耦合，时间和空间的辩证统一，在思维中把握研究对象的立体层次、立体结构和总体功能。

● 动态性。系统内部诸要素之间的联系及系统与外部环境之间的联系都不是静态的，都与时间密切相关，并会随时间不断地变化。因此，系统处于稳定状态并不意味着系统没有什么变化，而是始终处于不断演化的动态之中。

● 综合性。系统思维方式的综合性，并不等同于思维过程中的综合方面，它是比“机械的综合”“线性的综合”更为高级的综合。系统思维方式的综合已经是非线性的综合，是从“部分相加等于整体”上升到“整体大于部分相加之和”的综合。

系统化思维的主要应用方法

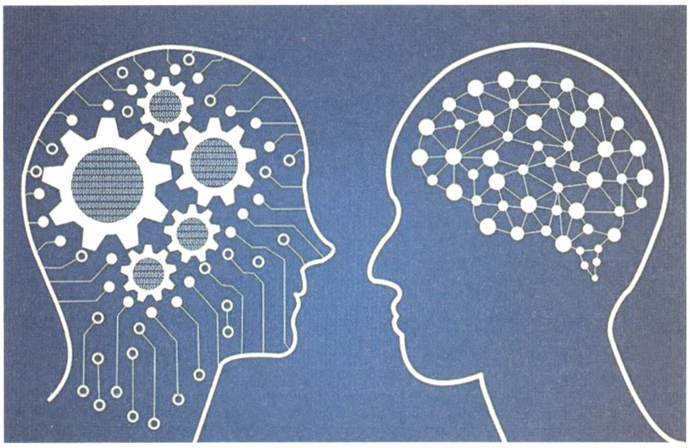

【问题聚焦】

系统化思维和创新思维是有机统一的。系统思维是一种整体思维，把认识对象作为系统来看待，要求从系统和要素、要素和要素、系统和环境的相互联系、相互作用中分析问题、解决问题。

创新思维是创造性解决问题的思维过程，它往往表现为突破常规，表现为质变、突变，进而对整个系统产生撬动和引领作用。运用系统化思维进行战略布局，既注重系统性、协同性，又强调创新性、突破性，是系统思维和创新思维的有机统一。

【系统化思维的主要应用方法】

● 整体法。整体法是在分析和处理问题的过程中，始终从整体来考虑，把整体放在第一位，而不是让任何部分的东西凌驾于整体之上。整体法要求把思考问题的方向对准全局和整体，从全局和整体出发。如果在应该运用整体思维进行思维的时候，不用整体思维法，那么无论在宏观或是微观方面，都会受到损害。

● 结构法。用结构法进行系统思维时，注重系统内部结构的合理性。系统由各部分组成，部分与部分之间组合是否合理，对系统有很大影响。这就是系统中的结构问题。好的结构，是指组成系统的各部分间组织合理，是有机的联系。

● 要素法。每一个系统都由各种各样的因素构成，其中相对具有重要意义的因素称之为构成要素。要使整个系统正常运转并发挥最好的作用或处于最佳状态，必须对各要素考察周全，充分发挥各要素的作用。

● 功能法。功能法是指为了使一个系统呈现出最佳态势，从大局出发来调整或是改变系统内部各部分的功能与作用。在此过程中，可能是为了所有部分都向更好的方面改变，从而使系统状态变得更佳，也可能是为了求得系统的全局利益，以降低系统某部分的功能为代价，而使系统状态变得更佳。

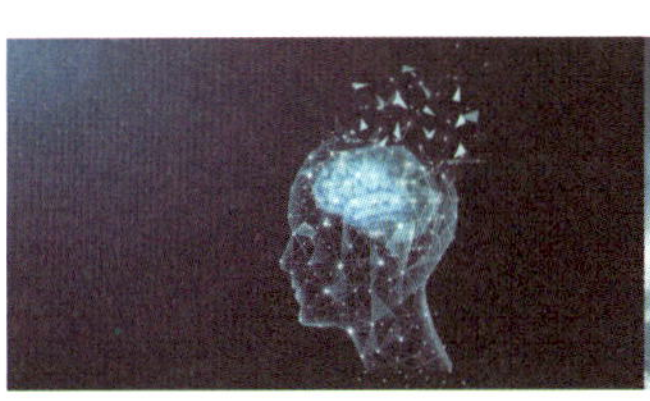

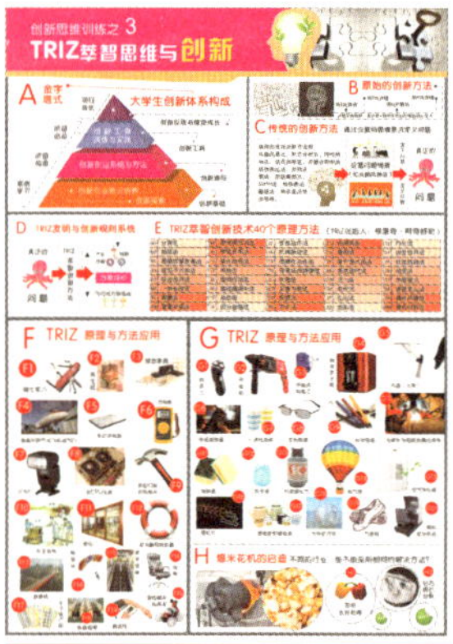

任务可团队分工完成，也可个人独立完成；可直接写在任务纸上，也可在自行准备的练习本上完成（注明任务名称）。

《TRIZ萃智思维与创新》翻转课堂情境图任务 A

时间TIME：

年　月　日

2学时

个人姓名：　　　　团队名称：　　　　任务名称：

实到团队成员：

迟到团队成员：

旷课团队成员：　　　　请假团队成员：

情境图任务的参考答案线索和思路都隐含在情境图和任务纸中，请灵活掌握。线索和思路不是标准答案，仅起到参考和抛砖引玉的作用。《授课说明》和课件 PPT 非学习必备配套，没有亦不影响使用。

TRIZ萃智创新体系构成

请参考《TRIZ萃智思维与创新》情景图A、D，完成以下任务：

1.创新体系的金字塔有哪些部分构成？（翻转课堂）

2.发明与创新规则系统包括哪些主要内容？（翻转课堂）

原始的创新方法

请参考《TRIZ萃智思维与创新》情境图B，完成以下任务：

1．“试错法”是原始创新方法当中常用的一个，请结合实际案例描述“试错法”的操作流程是怎样的？（翻转课堂）

2.请结合案例阐述“试错法”的主要弊端有哪些？（翻转课堂）

TRIZ发明与创新规则系统

请参考《TRIZ萃智思维与创新》情境图C，完成以下任务并翻转课堂：

1.请结合案例阐述对“TRIZ发明与创新规则系统”的理解。

2.在TIRZ萃智创新技术40个原理方法中，请列举出你认为最有用的10种。

TRIZ萃智原理与方法应用—1　（翻转课堂）

请参考《TRIZ萃智思维与创新》情境图E、F1–F10，写下对应的创新方法：

瑞士军刀运用的是TRIZ哪个原理方法?	再生纸运用的是TRIZ哪个原理方法?	组合家具运用的是TRIZ哪个原理方法?
鱼嘴形飞机进气口运用的是TRIZ哪个原理方法?	笔记本电脑运用的是TRIZ哪个原理方法?	万用表运用的是TRIZ哪个原理方法?
闪光灯运用的是TRIZ哪个原理方法?	双CPU主板运用的是TRIZ哪个原理方法?	带起钉器的铁榔头运用的是TRIZ哪个原理方法?
谷子去壳运用的是TRIZ哪个原理方法?	请将此段顺序已打乱的萃智 TRIZ 创新原理方法，一一填入对应的框框中：快速法、反馈法、抽取法、分离法、局部质量改善法、动态法、增加不对称法、组合合并法、一物多用法、变害为利法。	

TRIZ萃智原理与方法应用—2　（翻转课堂）

请参考《TRIZ萃智思维与创新》情境图E、F11–F20，写下对应的创新方法：

推拉门运用的是TRIZ哪个原理方法?	游泳圈和救生圈运用的是TRIZ哪个原理方法?	悬索桥运用的是TRIZ哪个原理方法?
降落伞运用的是TRIZ哪个原理方法?	滚动电梯运用的是TRIZ哪个原理方法?	转椅运用的是TRIZ哪个原理方法?
不干胶产品运用的是TRIZ哪个原理方法?	多级船闸运用的是TRIZ哪个原理方法?	测血压运用的是TRIZ哪个原理方法?
遥控翻滚遥控车运用的是TRIZ哪个原理方法?	请将此段顺序已打乱的萃智 TRIZ 创新原理方法，一一填入对应的框框中：预先防范法、曲线曲面化法、套叠法、重量补偿法、部分超越法、预先作用法、等势法、预先反作用法、重量补偿法、多维运作法。	

学习心得

根据任务的难度和完成的质量、数量、创新性、相关性、匹配程度等，给予具体评分：　90–99、80–89、70–79、60–69、50–59、40–49、30–39、0–29。未做任务者计 0 分。

讨论与分享

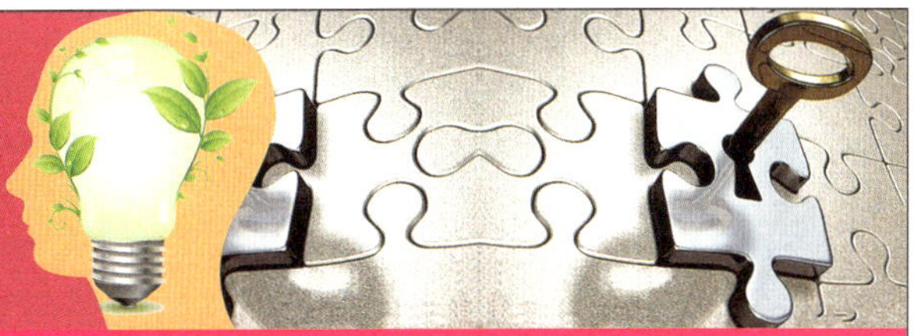

课程思政

在以下思政元素中，选择一个与本模块章节相匹配的，学生团队讨论后，派代表上台分享相关案例。

1.创业带动就业，属于民生工程。
2.创业精神，如创新精神、合作精神、民族精神、进取精神、拼搏精神、艰苦奋斗精神、吃苦耐劳精神等。
3.创业与青年学子的理想、使命与担当。
4.创业与个人价值、社会价值的实现，如何为国家繁荣富强做出贡献。
5.创业法律法规与法治。
6.创业中的敬业。
7.创业中的诚信。
8.创业中的友善。
9.创业中融入爱国主义，通过培养创新创业精神，在创新创业实践中开展爱国主义教育。
10.创业中自己要成为什么样的人？如何成为社会主义建设者和接班人，如何为人民服务？
11.创业理论学习与实践中，如何理解理论性和实践性相统一，如何理解“认识-实践-再认识-再实践”。
12.创业与四个自信、四个意识。
13.创业精神与历史主动精神。
14.创业技能与工匠精神。
15.创业实践与劳动教育。
16.创业人才与国家战略发展和人才管理。
17.其他思政元素（具体填写）：______________________

____

创新创业课程资源库

案例 ● 教案 ● 音视频 ● PPT课件 ● 电子教材

策划方案 ● 课程思政资料和图片 ● 创业计划书

扫描二维码，进入课程思政专栏

我的思考：

团队讨论

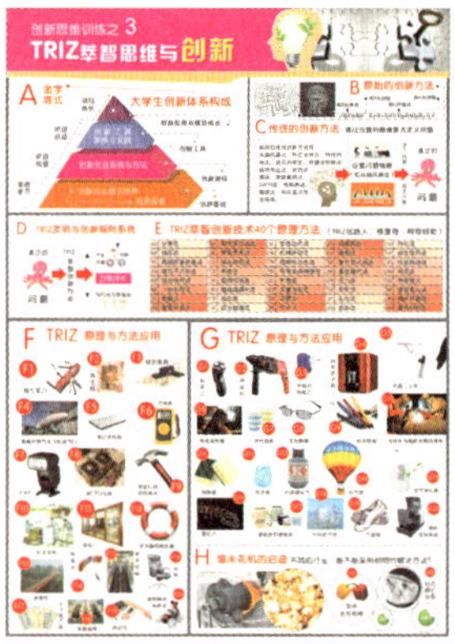

任务可团队分工完成，也可个人独立完成；可直接写在任务纸上，也可在自行准备的练习本上完成（注明任务名称）。

《TRIZ萃智思维与创新》翻转课堂情境图任务B

时间TIME:
年　月　日

2学时

个人姓名：　　团队名称：　　任务名称：

实到团队成员：

迟到团队成员：

旷课团队成员：　　请假团队成员：

情境图任务的参考答案线索和思路都隐含在情境图和任务纸中，请灵活掌握。线索和思路不是标准答案，仅起到参考和抛砖引玉的作用。《授课说明》和课件PPT非学习必备配套，没有亦不影响使用。

关于创新方法的一些探讨

请参考《TRIZ萃智思维与创新》情境图C，完成以下任务：

1.传统的创新方法有哪些？

2.传统的创新流程是怎样的？（翻转课堂）

3.结合实际案例阐述传统创新方法之头脑风暴法的操作要点有哪些？（翻转课堂）

TRIZ萃智原理与方法应用—3 （翻转课堂）

请参考《TRIZ萃智思维与创新》情境图E、G1–G7，写下对应的创新方法：

剃须刀运用的是TRIZ哪个原理方法?	冲击钻运用的是TRIZ哪个原理方法?	手摇式铅笔刀运用的是TRIZ哪个原理方法?
自动饮水机运用的是TRIZ哪个原理方法?	上菜托盘运用的是TRIZ哪个原理方法?	电视遥控器运用的是TRIZ哪个原理方法?
一次性纸杯运用的是TRIZ哪个原理方法?		

请将此段顺序已打乱的萃智TRIZ创新原理方法，一一填入对应的框框中：周期性动作法（离散法）、自助法、廉价替代品法、有效动作持续法、中介法、机械振动法、系统替代法。

TRIZ萃智原理与方法应用—4 （翻转课堂）

请参考《TRIZ萃智思维与创新》情境图E、G8–G14，写下对应的创新方法：

变色眼镜运用的是TRIZ哪个原理方法?	自动铅笔运用的是TRIZ哪个原理方法?	与焊件为同金属的焊条运用的是TRIZ哪个原理?
海绵擦运用的是TRIZ哪个原理方法?	洗手液运用的是TRIZ哪个原理方法?	石油液化气运用的是TRIZ哪个原理方法?
热气球运用的是TRIZ哪个原理方法?		

请将此段顺序已打乱的萃智TRI创新原理方法，一一填入对应的框框中：同化法、孔化法、相变法、色彩法、性能转变法、热膨胀法、自生自弃法。

TRIZ理论与方法应用—5 （翻转课堂）

请参考《TRIZ萃智思维与创新》情境图E、G15–G20，写下对应的创新方法：

空气净化器运用的是TRIZ哪个原理方法?	霓虹灯运用的是TRIZ哪个原理方法?	搪瓷壶和搪瓷杯运用的是TRIZ哪个原理方法?
水中步行球运用的是TRIZ哪个原理方法?	气垫鞋运用的是TRIZ哪个原理方法?	模拟驾驶系统运用的是TRIZ哪个原理?

请将此段顺序已打乱的萃智TRIZ创新原理方法，一一填入对应的框框中：压力法、逐级氧化法、复合材料法、惰性环境法、复制法、柔化法。

在TRIZ萃智创新技术40个原理方法中，你现在进行的项目最适合用哪几种方法？为什么？

爆米花的启迪

请参考《TRIZ萃智思维与创新》情境图H、H1、H2，完成以下任务：

1、你有没有见过传统的爆米花？传统的爆米花用的是什么方法？（翻转课堂）

2、传统爆米花方法能不能在其他行业应用？请举3个实例。（翻转课堂）

学习心得

根据任务的难度和完成的质量、数量、创新性、相关性、匹配程度等，给予具体评分：　90–99、80–89、70–79、60–69、50–59、40–49、30–39、0–29。未做任务者计0分。

创新创业课程资源库

案例 ● 教案 ● 音视频 ● PPT课件 ● 电子教材

策划方案 ● 课程思政资料和图片 ● 创业计划书

扫描二维码，进入课程思政专栏

创新思维训练之 4

互联网思维与创新

创新思维训练之 4

互联网思维与创新

A 互联网思维脉络图

B 互联网平台思维

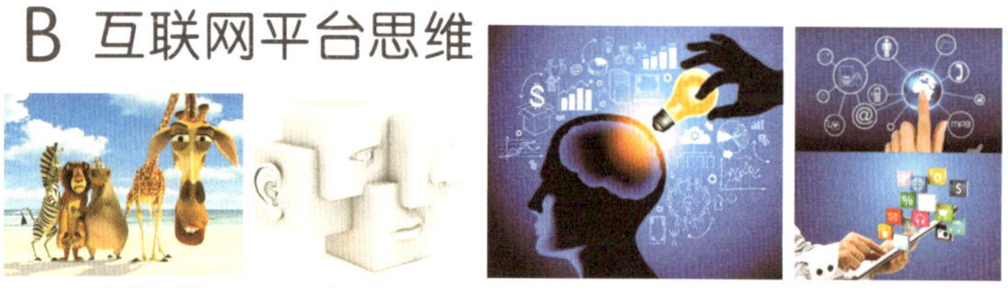

千差万别 千变万化 千思万想 千家万户

创客MAKER 极客GEEK 威客WITKEY

C 互联网产品思维

D 互联网竞争思维

E 移动互联网思维的天山六路折梅手

池子越大、水越多，越能吸引各式各样的鱼。

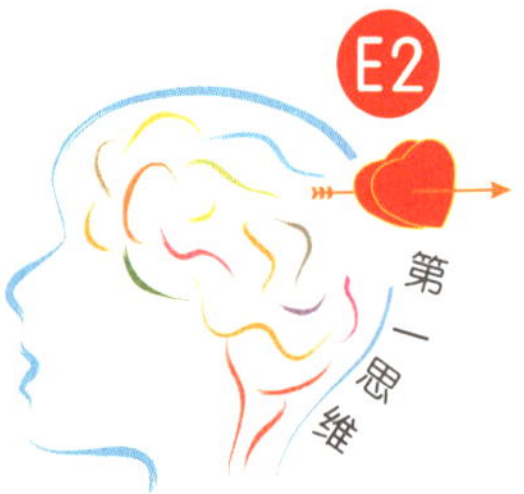

在客户心智中成为第一，胜过做得更好。

天下功夫，唯快不破。快人一步，胜人一筹。

E4 聚焦思维

为什么要做比做更重要，不做什么比做什么重要。

“粉丝”思维：得“粉丝”者得天下。

碎片化思维：用碎片时间满足个性化需求。

F 从1元的分解中见思维方式 1元=？

F1 ¥

1元=100分
=10分×10分
=1角×1角
=0.1元×0.1元
=0.01元
=1分

F2

1元=1元×1元
=1元

F3

1元=1元×1元
=10角×10角
=100角
=10元

F4

1元=1元×1元
=10角×10角
=100分×100分
=10000分
=100元

以上哪个是互联网思维？

以上哪个是老板思维？

以上哪个是刻板思维？

以上哪个是大众思维？

G 互联网思维案例

H 互联网的用户思维和社会化思维

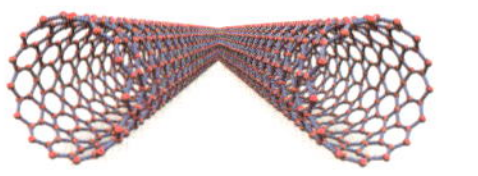

我们面对的用户都是以网状结构的社群形式存在的，每个用户都是这个网状结构的一个节点。

思维知识拓展

多维度思维

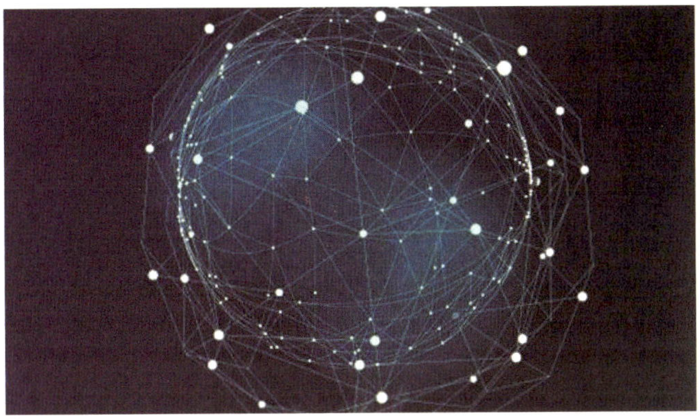

【问题聚焦】

维度，又称维数，是数学中独立参数的数目。所谓多维度就是多个角度，多个层面，多个方面。在物理学和哲学的领域内，维度指独立的时空坐标的数目，多维度空间可以从零维到十八维。零维是点，三维是有长、宽、高的立体，四维是在三维基础上加上了时间的概念。思维是认识问题和分析问题的角度和线路，包括整理程序、判断标准和创新角度三个方面。

思维维度与思考格局有着密切的联系：思维维度越高，思考格局就会越高，进而思路也会越开阔，看问题就会越通透，处事也会越周全。

【从角度、维度和层次三个方面看多维度思维】

● 问题角度。（1）从自己的角度看问题；（2）从对方的角度看问题；（3）从他人的角度看问题；（4）从客观事实的角度看问题；（5）从未知的角度看问题。

● 时间维度。（1）从过去的时间维度看问题。过去的时间维度存在我们的回忆中，通过回忆，总结出过去的经验和存在的不足之处，为当下和未来提供借鉴。站在当下，从过去的时间维度看当时的困难和危险，我们会深刻感受到困难和危险都是有意义的，因为苦难会促人成长，危险中往往蕴藏着机会和新生。（2）从现在的时间维度看问题。现在的时间维度指的是当下，我们要把握当下，并在做好当下事情的基础上，树立目标。有目标的人在奔跑，没目标的人喜欢睡觉，因为睡醒了也不知道去哪；有目标的人在感恩，因为达成目标需要很多人的帮助，没目标的人在抱怨，认为全世界都对他不公。（3）从将来的时间维度看问题。将来的时间维度是要看我们做的事情对将来的影响如何，以更长远的时间维度来看事情发展的影响，就不会为了眼前的利益放弃长远。比如，为了做传承，就会乐于和人分享成果，不会计较个人利益得失，就不会迷茫、不会困惑，因为时刻知道自己的将来需要什么？即使遇到了很多困难，对将来的时间维度而言都是可以解决的。

● 思维的层次高度。做这件事情到底为了什么？为了自己的利益、他人的利益，还是为了民族和国家的利益，或是全人类的利益。有很多英雄为了国家民族利益牺牲自己的生命。我们做事站的高度其实决定了这个事情的成败。比如创业，创办企业目的仅仅是为了赚钱？还是为了帮助更多人？

高维度思维之元认知

【问题聚焦】

高维度思维是一种高层次的多维度思维，而元认知属于高维度思维范畴。元认知又称反省认知、反审认知、超认知、后设认知，由美国发展心理学家约翰·弗拉维尔于20世纪70年代提出，元认知是个体在自己的认知过程中进行知识转化和智慧积累的能力训练，包括元认知知识和元认知控制两个主要部分。

元认知知识就是有关认知的知识，即对于什么因素影响人的认知活动过程与结果、这些因素是如何起作用的、它们之间又是怎样相互作用的等问题的认识。元认知控制是对认知行为的管理和控制，是认知主体在进行认知活动的全过程中，将自己正在进行的认知活动设定为意识对象，在学习和工作记忆中不断地对其进行积极自觉地监视、控制和调节。

【元认知策略的三种类型】

● 计划策略。计划策略是根据认知活动的特定目标，在一项活动之前制定计划、预测结果、选择策略、想出解决问题的方法，并预测其有效性，包括设置学习目标、浏览阅读材料、产生待回答的问题以及分析如何完成学习任务。

● 监控策略。监控策略是在认知活动进行的过程中，人们根据认知目标及时评价、反馈认知活动的结果与不足，正确估计自己达到认知目标的程度、水平，并根据有效性标准评价各种认知行动、策略的效果。比如：阅读时对知识点加以跟踪、考试时监视自己的速度和时间。

● 调节策略。调节策略是指人们通过对认知活动结果的检查去发现存在的问题和不足，及时采取相应的补救措施，并对认知策略进行修正和调整。

元认知策略是一种典型的学习策略，是学习者对自己的认知过程及结果进行有效监视及控制的策略。

创业者也是善于发现、善于在反省中不断提升的学习者，因此元认知策略同样适用于创业者，实现途径是：将相关数据经过整理变成信息，特定的信息用于解决某个问题成为知识，知识不断用于实践转化为能力，能力与知识融会贯通成为智慧。

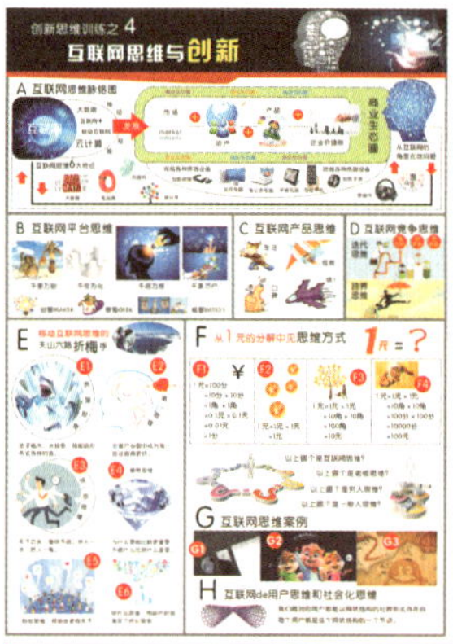

任务可团队分工完成，也可个人独立完成；可直接写在任务纸上，也可在自行准备的练习本上完成（注明任务名称）。

《互联网思维与创新》翻转课堂情境图任务A

时间TIME：
年 月 日

2学时

个人姓名： 团队名称： 任务名称：

实到团队成员：

迟到团队成员：

旷课团队成员： 请假团队成员：

情境图任务的参考答案线索和思路都隐含在情境图和任务纸中，请灵活掌握。线索和思路不是标准答案，仅起到参考和抛砖引玉的作用。《授课说明》和课件 PPT 非学习必备配套，没有亦不影响使用。

互联网思维之商业生态圈

请参考《互联网思维与创新》情境图 A，完成以下任务：

1.根据互联网思维脉络图，描述互联网思维是如何产生的？（翻转课堂）

2.国内最早提出互联网思维概念的是谁？这个人现在做得怎样？（翻转课堂）

3.互联网思维有哪6大特征？请一一列举出来。

4.在互联网思维的6大特征中，你认为最突出的是哪一个？为什么？

互联网平台思维-1

请参考《互联网思维与创新》情境图B，完成以下任务：

1.请结合案例阐述互联网平台思维的“千差万别”。（翻转课堂）

2.请结合案例阐述互联网平台思维的“千变万化”。（翻转课堂）

互联网平台思维-2

请参考《互联网思维与创新》情境图B，完成以下任务并翻转课堂：

1.请结合案例阐述互联网平台思维的“千思万想”。

2.请结合案例阐述互联网平台思维的“千家万户”。

互联网产品思维

请参考《互联网思维与创新》情境图C，完成以下任务：

1.请结合案例阐述互联网产品思维中的“专注”。

2.请结合案例阐述互联网产品思维中的“极致”。

3.请结合案例阐述互联网产品思维中的“口碑”。

4.请结合案例阐述互联网产品思维中的“快”。

互联网思维案例

请参考《互联网思维与创新》情境图D，完成以下任务并翻转课堂：

1.请结合案例阐述互联网产品思维中的“迭代思维”。

2.“中国移动：这么多年来我们突然发现，我们最强大的竞争对手不是中国联通和中国电信，而是腾讯。”结合互联网思维中的“跨界竞争”，谈谈对这句话的理解。

学习心得

根据任务的难度和完成的质量、数量、创新性、相关性、匹配程度等，给予具体评分：90-99、80-89、70-79、60-69、50-59、40-49、30-39、0-29。未做任务者计 0 分。

讨论与分享

课程思政

在以下思政元素中，选择一个与本模块章节相匹配的，学生团队讨论后，派代表上台分享相关案例。

1.创业带动就业，属于民生工程。
2.创业精神，如创新精神、合作精神、民族精神、进取精神、拼搏精神、艰苦奋斗精神、吃苦耐劳精神等。
3.创业与青年学子的理想、使命与担当。
4.创业与个人价值、社会价值的实现，如何为国家繁荣富强做出贡献。
5.创业法律法规与法治。
6.创业中的敬业。
7.创业中的诚信。
8.创业中的友善。
9.创业中融入爱国主义，通过培养创新创业精神，在创新创业实践中开展爱国主义教育。
10.创业中自己要成为什么样的人？如何成为社会主义建设者和接班人，如何为人民服务？
11.创业理论学习与实践中，如何理解理论性和实践性相统一，如何理解“认识-实践-再认识-再实践”。
12.创业与四个自信、四个意识。
13.创业精神与历史主动精神。
14.创业技能与工匠精神。
15.创业实践与劳动教育。
16.创业人才与国家战略发展和人才管理。
17.其他思政元素（具体填写）：________________________

____

创新创业课程资源库

案例 ● 教案 ● 音视频 ● PPT课件 ● 电子教材
策划方案 ● 课程思政资料和图片 ● 创业计划书

扫描二维码，进入课程思政专栏

我的思考：

团队讨论

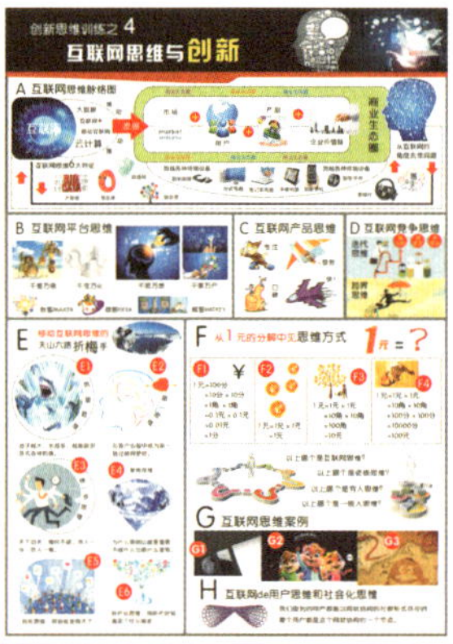

任务可团队分工完成，也可个人独立完成；可直接写在任务纸上，也可在自行准备的练习本上完成（注明任务名称）。

《互联网思维与创新》翻转课堂情境图任务 B

时间TIME：
年　月　日

2学时

个人姓名：　　　　团队名称：　　　　任务名称：

实到团队成员：

迟到团队成员：

旷课团队成员：　　　　请假团队成员：

情境图任务的参考答案线索和思路都隐含在情境图和任务纸中，请灵活掌握。线索和思路不是标准答案，仅起到参考和抛砖引玉的作用。《授课说明》和课件 PPT 非学习必备配套，没有亦不影响使用。

互联网思维与“三剑客”

请参考《互联网思维与创新》情境图 C，完成以下任务：

1.结合实际案例阐述，什么是“创客”？（翻转课堂）

2.结合实际案例阐述，什么是“极客”？（翻转课堂）

3.结合实际案例阐述，什么是“威客”？（翻转课堂）

4.“创客”“极客”“威客”与哪些互联网思维有关?

移动互联网思维-1

请参考《互联网思维与创新》情境图E1、E2、E3，完成以下任务：

1.请结合案例阐述移动互联网思维的“流量思维”。（翻转课堂）

2.请结合案例阐述移动互联网思维的“第一思维”。（翻转课堂）

3.请结合案例阐述移动互联网思维的“快一步思维”。（翻转课堂）

移动互联网思维-2

请参考《互联网思维与创新》情境图E4、E5、E6，完成以下任务并翻转课堂：

1.请结合案例阐述移动互联网思维的“聚焦思维”。

2.请结合案例阐述移动互联网思维的“粉丝思维”。

3.请结合案例阐述移动互联网思维的“碎片化思维”。

互联网思维新角度创造价值

请参考《互联网思维与创新》情境图F1、F2、F3、F4，完成以下任务：

1.老板思维对应的是哪个“计算公式”？请举例说明

2.互联网思维对应的是哪个“计算公式”？请举例说明

3.大众思维对应的是哪个“计算公式”？请举例说明

4.刻板思维对应的是哪个“计算公式”？请举例说明

互联网思维案例

请参考《互联网思维与创新》情景图G1、G2、G3，完成以下任务并翻转课堂：

1.G1、G2、G3分别代表着三个互联网思维案例，请在三个中选一个进行阐述。

2.结合实际案例阐述互联网用户思维和社会化思维之间的关联性。

学习心得

根据任务的难度和完成的质量、数量、创新性、相关性、匹配程度等，给予具体评分：　90-99、80-89、70-79、60-69、50-59、40-49、30-39、0-29。未做任务者计0分。

创新创业课程资源库

案例 ● 教案 ● 音视频 ● PPT课件 ● 电子教材

策划方案 ● 课程思政资料和图片 ● 创业计划书

扫描二维码，进入课程思政专栏

创业基础训练

《创业基础训练》思维导图树

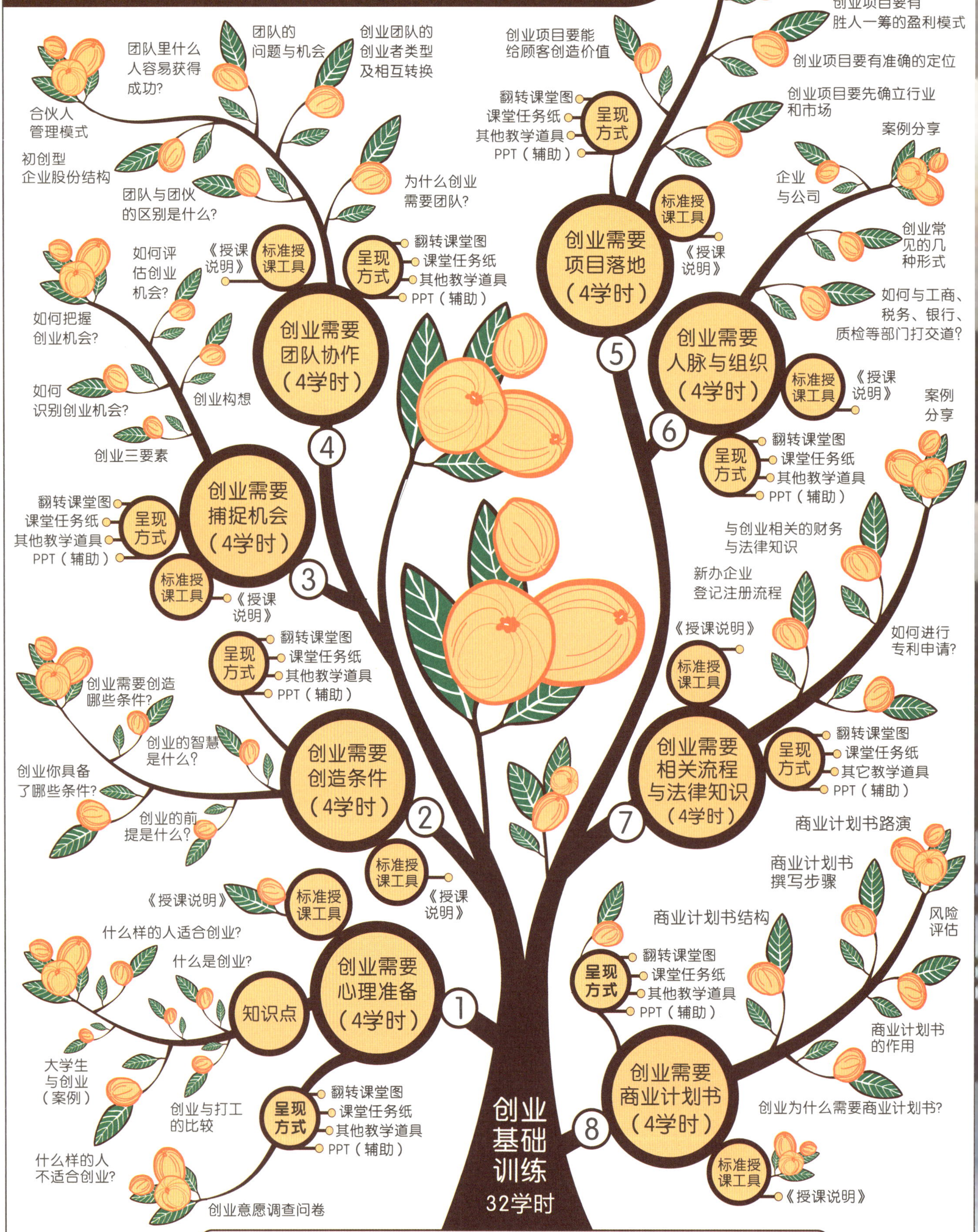

32学时的“创业基础训练”可根据实际需要拆解，每个学时40—45分钟。

创业基础训练之 1

创业需要心理准备

创业基础训练之 1

创业需要**心理**准备

A 做没有门槛的事，有成功的可能吗？

A1 大成功是小概率，还是大概率的事情？

A3

A2 小成功是大概率，还是小概率的事情？

B 什么是创业？

B1 ●创业就是发现商机并以行动转化为具体的形态，以创造价值为出发点，以期获取收益的一个过程。

B2 ●创业就是以利润为导向，贯穿初建、成长、发展过程的有目的性的行为。

B3 ●创业是在拥有资源或资源整合基础上，通过努力创造经济或社会价值的一个过程。

C 打工和创业有什么区别？

C1 没钱叫什么？

C2 缺钱怎么办？

C3 赚钱与卖房

C4 发奖金

C5 上下班挤地铁？

C6 星期天

C7 下班与加班

C8 陪孩子与生孩子

C9 怕办公室？

C10 怕出错？

C11 开会与睡觉

D

D1 创业与就业是对立的吗？

D2 创业就是创造优先就业的机会

D3 实干型创业人才 VS 创新型就业人才

E 不适合创业的人 有哪些特征？

E1 不认同创业

E2 习惯被动接受

E3 孤芳自赏

E4 懒惰

E5 井底之蛙

E6 僵化呆板

E7 刻舟求剑、自以为是

E8 冲动、不理智

E9 无主见、盲从

E10 固执己见

E11 缺乏抗压力

E12 患得患失

E13 情绪波动过大

E14 自我设限作茧自缚

E15 鸡蛋里找骨头 过于谨小慎微

训练场地布置示意图

（训练前按6–8人组建团队）

大小色子或折纸条抓阄均可

每个团队成员分别选出各对应数字的企业家

如团队数字有重复可重选，或在a、b、c中选一个。

F 创业成功企业家 3 个特质

F1 有冒险精神

F2 有创造力

F3 持续激情

F4 创业者类型与成功创业家典型代表

创业者类型	选出成功创业家典型代表		
管理–领导型	1	2	a
市场–产品型	3	4	b
营销–关系型	5	6	c

G 案例思考

G1 乐视危机事件应对的得与失

G2 HONEYMATE

创业“海归”给你贴身的爱

敬业精神

【问题聚焦】

敬业精神（Professional Dedication Spirit）是人们基于对一件事情、一种职业的热爱而产生的一种全身心投入的主动与自觉，是社会对人们工作态度的一种道德要求。它的核心是无私奉献意识。低层次的即功利目的的敬业，由外在压力产生；高层次的即发自内心的敬业，把职业当作事业来对待。

【敬业精神的解构】

- 职业理想：即人们对所从事的职业和要达到的成就的向往和追求，是成就事业的前提，能引导从业者高瞻远瞩，志向远大。
- 立业意识：即确立职业和实现目标的愿望。其意义在于利用职业理想目标的激励导向作用，激发从业者的奋斗热情并指引其成才方向。
- 职业信念：即对职业的敬重和热爱之心，表示对事业的迷恋和执着的追求。
- 从业态度：即持恒稳定的工作态度。勤勉工作，笃行不倦，脚踏实地，任劳任怨。
- 职业情感：即人们对所从事职业的愉悦的情绪体验，包括职业荣誉感和职业幸福感。
- 职业道德：人们在职业实践中形成的行为规范。

【创业需要敬业精神】

敬业是基础和前提。敬业就是全心全意对待工作，全力以赴干好工作。时下有这么一种说法，人们的工作态度可以分为三种：一种是把工作当成事业，另一种是把工作当作职业，还有一种是把工作当成副业。三种不同的工作态度，反映了不同的人生观、价值观和事业观，折射出高低分明的思想境界和精神状态。敬业的人就会把工作当事业干，就会在工作中释放自己的激情，把工作看成是一种乐趣；就会自觉地忠诚于工作，一心一意地想工作，全神贯注的谋工作，把工作放在第一位，比别人多做一点、做得更好一点；不怕吃苦受累、不怕批评，不怕吃亏。

精业是敬业的升华，创业是落脚点和出发点。创业就是立足现有条件和基础，不断开创工作新局面，谋求事业新发展，开拓人生新境界。历史和实践证明，一个民族、一个国家、一个单位和个人，只有不断地进行创业，不断地努力前进，才能紧跟时代潮流，适应社会发展趋势，永远不被淘汰。创业首要的是端正指导思想，始终能够以对党、对国家、对人民、对事业高度负责的精神静下心来干好该干之事。

赋能与转换

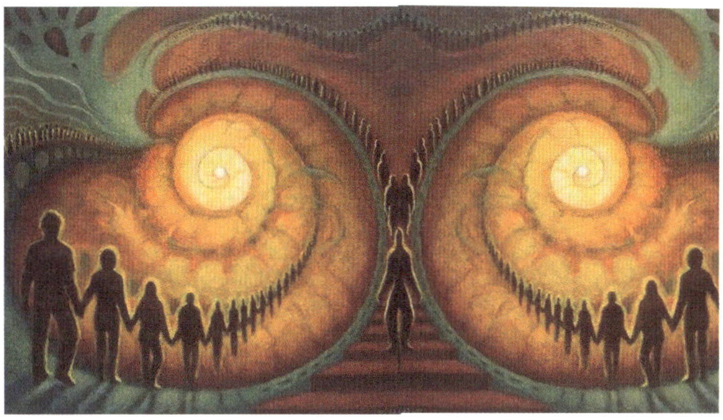

【问题聚焦】

任何一种活动，包括创业都要求个体具备一定的能力，而且能力直接影响着活动的效率。转化意识与能力是指创业者将创意转化为可操作的具体创业方案与创业计划的能力，许多有创意的人具有创新的能力，但往往缺乏这种转化能力，从而不能成为有效的创业者。可以说，转化意识与能力在某种程度上比创新意识与能力还重要，转化的核心是有效，作为创业者必须时刻树立转化意识，方能不错失良机。

【创业者需要具备的八大转化能力】

- 思想转化成文字的能力。
- 理论转化成实践的能力。
- 想法转化成现实的能力。
- 概念转化成体系的能力。
- 目标转化成方案的能力。
- 方案转化成行动的能力。
- 行动转化为实效的能力。
- 复杂转化成简单的能力。

【创业者如何提高赋能转化能力】

- 从需求、技术和商业角度评估商业机会。
- 评估自身的资源。
- 选择志同道合的人。
- 评估自身可承担的风险大小。
- 创新转化的模式。
- 低成本快速试错。
- 经常复盘与反思，强化实践分享与领悟内化。
- 转化的三环节训练：输入-加工-输出。

【大学生创业者赋能转化的关键点】

- 转化应该顺势而为。
- 转化需要资源的支撑。
- 转化关键是价值观和思维的转化，价值观从利己转向利他，思维上从学术思维转化为商业思维，从企业思维转化为用户思维，从理性逻辑思维转化为感性人文思维。
- 注意大学生与创业者之间的心态与角色转换。
- 赋能转化与受益平衡。

任务可团队分工完成，也可个人独立完成；可直接写在任务纸上，也可在自行准备的练习本上完成（注明任务名称）。

《创业需要心理准备》翻转课堂情境图任务 A

时间TIME：
年　月　日

2学时

个人姓名：　　　　　　　　团队名称：　　　　　　　　任务名称：

实到团队成员：

迟到团队成员：

旷课团队成员：　　　　　　　　请假团队成员：

情境图任务的参考答案线索和思路都隐含在情境图和任务纸中，请灵活掌握。线索和思路不是标准答案，仅起到参考和抛砖引玉的作用。《授课说明》和课件 PPT 非学习必备配套，没有亦不影响使用。

关于成功的一些思考

请参考《创业需要心理准备》情境图 A、A1、A2、A3，完成以下任务：

1.结合案例阐述“成功是大概率的事还是小概率的事情？”。（翻转课堂）

2.结合案例进行阐述：“做没有门槛的事情有成功的可能吗？”“成功需要运气吗?”。（翻转课堂）

什么是创业?

请参考《创业需要心理准备》情境图B1、B2、B3，完成以下任务：

1.在B1、B2、B3中，你认为最符合“创业”概念描述的是哪一个？并写下来。

2.结合案例，阐述你选的“创业”概念。

打工和创业的区别–1

请参考《创业需要心理准备》情境图C1、C2、C3，完成以下任务并翻转课堂：

1.打工和创业都有可能没有钱，两者有什么区别?

2.打工和创业缺钱时都会去找钱，两者有什么区别?

3.打工赚钱是为了什么？创业卖房是为了什么?

打工和创业的区别–2

请参考《创业需要心理准备》情境图C4–C8，完成以下任务：

1.打工和创业做老板都有可能发奖金，两者有什么区别?

2.打工和创业老板都喜欢星期天，两者有区别吗？为什么?

3.打工和创业老板对上下班的态度有什么不同?

打工和创业的区别–3

请参考《创业需要心理准备》情境图C9、C10、C11，完成以下任务并翻转课堂：

1.打工和创业做老板都有可能产生办公室畏惧情结，为什么?

2.打工和创业做老板都担心出现工作上的失误，两者区别在哪里?

3.打工和创业老板在作息时间上有哪些不同?

学习心得

根据任务的难度和完成的质量、数量、创新性、相关性、匹配程度等，给予具体评分：90–99、80–89、70–79、60–69、50–59、40–49、30–39、0–29。未做任务者计0分。

课程思政

在以下思政元素中，选择一个与本模块章节相匹配的，学生团队讨论后，派代表上台分享相关案例。

1.创业带动就业，属于民生工程。
2.创业精神，如创新精神、合作精神、民族精神、进取精神、拼搏精神、艰苦奋斗精神、吃苦耐劳精神等。
3.创业与青年学子的理想、使命与担当。
4.创业与个人价值、社会价值的实现，如何为国家繁荣富强做出贡献。
5.创业法律法规与法治。
6.创业中的敬业。
7.创业中的诚信。
8.创业中的友善。
9.创业中融入爱国主义，通过培养创新创业精神，在创新创业实践中开展爱国主义教育。
10.创业中自己要成为什么样的人？如何成为社会主义建设者和接班人，如何为人民服务？
11.创业理论学习与实践中，如何理解理论性和实践性相统一，如何理解“认识-实践-再认识-再实践”。
12.创业与四个自信、四个意识。
13.创业精神与历史主动精神。
14.创业技能与工匠精神。
15.创业实践与劳动教育。
16.创业人才与国家战略发展和人才管理。
17.其他思政元素（具体填写）：________________________

____

创新创业课程资源库

案例 • 教案 • 音视频 • PPT课件 • 电子教材

策划方案 • 课程思政资料和图片 • 创业计划书

扫描二维码，进入课程思政专栏

我的思考：

团队讨论

任务可团队分工完成，也可个人独立完成；可直接写在任务纸上，也可在自行准备的练习本上完成（注明任务名称）。

《创业需要心理准备》翻转课堂情境图任务 B

时间TIME：　　年　月　日

2学时

个人姓名：　　　　团队名称：　　　　任务名称：

实到团队成员：

迟到团队成员：

旷课团队成员：　　　　请假团队成员：

情境图任务的参考答案线索和思路都隐含在情境图和任务纸中，请灵活掌握。线索和思路不是标准答案，仅起到参考和抛砖引玉的作用。《授课说明》和课件 PPT 非学习必备配套，没有亦不影响使用。

关于创业与就业的一些思考

请参考《创业需要心理准备》情境图 D、D1、D2、D3，完成以下任务：

1.结合案例阐述“创业与就业是对立的吗？”。（翻转课堂）

2.“创业就是创造优先就业的机会”，这个观点你认同吗？为什么？

3.“实干型创业人才”和“创新型就业人才”，你会选择哪个？为什么？

不适合创业的人有哪些特征？

请参考《创业需要心理准备》情境图E1–E15，完成以下任务并翻转课堂：

1.根据不适合创业的人的特征，请对照下自己团队的人是否有一些这样的特征，请列举团队成员并将这些特征一一对应，同时提出改进意见。

2.在15个不适合创业的人的特征中，你认为排前3名的是哪些？举例说明。

创业成功企业家的3个特质

请参考《创业需要心理准备》情境图F1、F2、F3，完成以下任务并翻转课堂：

1.举例阐述创业成功企业家的“冒险精神”。

2.举例阐述创业成功企业家的“创造力”。

3.举例阐述创业成功企业家的“持续激情”。

创业者类型与成功企业家典型代表

请参考《创业需要心理准备》情境图F4，完成以下任务：

1.团队掷色子在1–6个数字中选择一位对应的创业成功企业家，团队之间有重复的在a、b、c三个当中选一位（根据翻转课堂需要进行设定）。

2.你选择的是哪位企业家？这位企业家属于哪种创业者类型？

3.请举实例阐述你选的这位企业家有什么特点？取得了哪些成就？

创业案例思考

请参考《创业需要心理准备》情景图G、G1、G2，完成以下任务并翻转课堂：

1.阐述乐视危机事件应对与得失。

2.阐述姚哲男和他的创业产品“HONEYMATE”的特点。

学习心得

根据任务的难度和完成的质量、数量、创新性、相关性、匹配程度等，给予具体评分：90–99、80–89、70–79、60–69、50–59、40–49、30–39、0–29。未做任务者计0分。

创新创业课程资源库

案例 • 教案 • 音视频 • PPT课件 • 电子教材

策划方案 • 课程思政资料和图片 • 创业计划书

扫描二维码，进入课程思政专栏

创业基础训练之 2

创业需要创造条件

创业基础训练之 2

创业需要**创造**条件

A 创业有哪些前提条件?

A1 你有一双发现的慧眼吗?

A2 商业的最高智慧是什么?

A3 条件完全具备吗?

A4 资源充分吗?

B 存量市场与增量市场

B1 **存量市场**

市场已经相对饱和，或已经看到了天花板。新的商家要进入存量市场或已经进入存量市场的商家要扩大自己的份额，就必须去争抢，一些市场竞争非常激烈的存量市场也可称之为“红海”。

B2 **增量市场**

刚被发现的市场、需求尚未被充分满足的市场、容量尚未探明的市场，这样的市场尚未达到剧烈竞争程度，一些刚发现的增量市场也可称之为“蓝海”。

C 创业要选择和切入怎样的市场?

存量市场

C1 体量巨大、效率不高的存量市场。

线索：仔细审视一下互联网巨头的收入、流量构成，说不定就会有令人惊喜的发现。提示：遇到一个行业巨头，你要做的不是挑战他而是如何弥补他。

C2 对现有的模式进行深入

越南东涛鸡

对于存量市场创业，不能有这种感觉：这个事情现在不做，晚几天就失去机会。存量市场的创业，即便晚起步一、二年，方向和方法对了，也能赚钱。

增量市场

增量市场需要创新。商业创新的核心是商业模式的创新，能真正率先做到商业模式创新的创业叫创新型创业。

C3

线索：商业模式的创新包括产品创新、服务创新、新技术、新能源、新材料、新平台模式等等，因为这些可能可以开启一个前所未有的市场，新的商业模式需要前瞻性地发现。

C4 创新性创业要具备哪些条件?

超强能力和特长

互补型团队

保持创新和经营优势，持续领先

D 鸡活着的时候价值大还是鸡死了之后价值大?

重庆辣子鸡…客家盐焗鸡…广东豉油鸡…新疆大盘鸡…杭州花雕醉鸡…宫保鸡丁…

河南道口烧鸡　山东德州扒鸡　安徽符离集烧鸡　海南文昌鸡　云南汽锅鸡　辽宁沟帮子熏鸡　江苏叫花鸡　四川成都口水鸡　上海三黄油鸡

E 创造条件创业 需要考虑哪些方面因素?

E1 兴趣爱好

E2 擅长领域

E3 启动资金

E4 投资风险

E5 股东与股权比例

E6 融资

E7 消耗频繁和购买频率

E8 行业需求量和需求度

E9 客户认知度

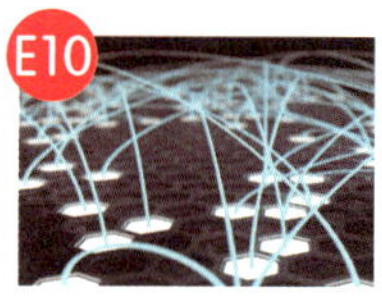

E10 虚与实

E11 红与蓝

E12 内与外

训练场地布置示意图

（训练前按6-8人组建团队）

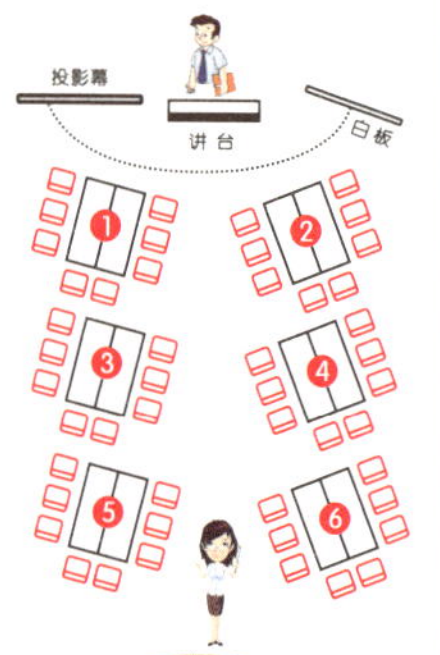

大小色子或折纸条抓阄均可

每个团队成员分别选出各对应数字的创业类型

如团队数字有重复可重选一次，亦可用重复的。

F 国家给予符合条件大学生创业补贴

- F1 创业培训补贴
- F2 一次性创业资助
- F3 租金补贴
- F4 创业带动就业补贴
- F5 创业企业社会保险补贴
- F6 创业孵化补贴
- F7 示范性创业孵化基地补贴
- F8 优秀创业项目资助
- F9 创业项目征集补贴
- F10 创业项目对接及跟踪服务补贴

以上所列相关补贴事项及相关条件，请咨询各省、市的人力资源和社会保障局，以实际咨询和回复为准。

G 创业类型

1. 生活所迫型
2. 实现梦想型
3. 体验尝试型
4. 投机取巧型
5. 兄弟合伙型
6. 项目投资型

市场容量

【问题聚焦】

市场容量即市场规模，市场容量主要是研究目标产品或行业的整体规模，可能包括目标产品或行业在指定时间内的产量、产值等，市场容量跟人口数量和人口年龄分布以及地区的贫富度有关。市场规模大小与竞争性可能直接决定了对新产品设计开发的投资规模。需求的市场预测直接决定了企业是不是要对该产品进行创新实验和投资，市场容量是消费需求测量的目标。

分析市场容量基本思路：（1）了解产品市场或行业的大小，通常用产量、产值或销售额来计算规模。（2）根据目标市场容量分析判断是否值得进入。（3）预测企业营收或利润的天花板或上限。（4）设定和分析主要竞争对手，评估产品和企业在市场上已经拥有或潜在的竞争力如何。

【市场容量主要研究方法】

- 结构分解法。结构分解法是指任何一个问题都可以分解为与此相关的小问题。首先我们可以进行分级，其次通过统计确定数据，再次，通过市场调研或者二手资料收集，可以分析消费额，最后，形成市场规模测算公式。

- 固定增长预测法。从定量的角度：通常根据行业过去几年的增长情况，预估未来的成长增速。从定性的角度：主要通过PEST模型从各个方面寻找未来影响行业的主要因素，以及最重要的因素对未来行业增速的影响，从而确认未来的成长空间。

- 自上而下分析法。先通过一些第三方市场分析和统计报告来确定一些整体数据，再从业务角度对市场进行层层细分。

- 自下而上分析法。先确定一定范围内的数据，然后去推测整体市场中的对应数据。

- 竞品或强相关产品推算法。根据竞争对手的产品使用量推算当前的市场规模，或根据关联性很强的产品去推算市场规模。比如：通过牙刷和牙膏的数据可以推算洗漱产品市场规模。

存量市场与增量市场

【问题聚焦】

什么是存量市场？市场已经相对饱和，或已经看到了天花板。新的商家要进入存量市场或已经进入存量市场的商家要扩大自己的份额，就必须去争抢，一些市场竞争非常激烈的存量市场也可称之为“红海”。

什么是增量市场？刚被发现的市场、需求尚未被充分满足的市场、容量尚未探明的市场，这样的市场尚未达到剧烈竞争程度，一些刚发现的增量市场也可称之为“蓝海”。

【创业可以选择和切入的市场建议】

- 可以选择体量巨大、效率不高的存量市场。存量市场的特征是针对某一需求，供大于求，绝大多数消费者的需求已经被满足。存量市场的优势在于市场会有很大替换性需求，升级更新的基数庞大。如果企业想赢得这部分消费群体，就需要优化自己的产品，形成差异化卖点，超越竞争对手，成为更好的选择，这是一个从有到优的业务。建议：（1）仔细审视一下互联网巨头的收入、流量构成，可能会有令人惊喜发现。遇到一个行业巨头，你要做的不是挑战他而是如何弥补他。（2）对现有模式进行研究。对于体量巨大的存量市场创业，只要方向和方法正确，即使晚些进入也会有机会。

- 寻找和发现增量市场。增量市场的特征是针对某一需求，供小于求，绝大多数的消费者的需求尚未满足，对企业来说这一块的业务是从无到有，开拓新的还没有被满足需求的消费者是重中之重。增量市场需要创新。商业创新的核心是商业模式的创新，能真正率先做到商业模式创新的创业叫创新型创业。商业模式的创新包括产品创新、服务创新、新技术、新能源、新材料、新平台模式等，因为这些可能可以开启一个前所未有的市场，新的商业模式需要前瞻性地发现。建议：（1）要研究创新型创业需要具备哪些基本条件。（2）保持创新和经营优势，持续领先。比如：技术创新、产品创新、经营状况和规模等。

- 要明确产品是属于高频率消费市场还是低频率消费市场，类型不同，突破点也不同。主要区别在于：（1）高频率消费市场的特征是消费品的使用周期短，消费者需要频繁购买，每一次购买的成本较低，尝鲜的可能性更大。（2）低频率消费市场的特征是消费品的使用期较长，消费者不需要频繁购买，每一次购买的成本较高，尝鲜的可能性很小，对品牌的忠诚度较高。（3）高频率消费市场的突破点是触动消费者；低频率消费市场的突破点是说服消费者。

任务可团队分工完成，也可个人独立完成；可直接写在任务纸上，也可在自行准备的练习本上完成（注明任务名称）。

《创业需要创造条件》翻转课堂情境图任务 A

时间TIME：
年 月 日

2学时

个人姓名： 团队名称： 任务名称：

实到团队成员：

迟到团队成员：

旷课团队成员： 请假团队成员：

情境图任务的参考答案线索和思路都隐含在情境图和任务纸中，请灵活掌握。线索和思路不是标准答案，仅起到参考和抛砖引玉的作用。《授课说明》和课件 PPT 非学习必备配套，没有亦不影响使用。

关于创业条件的一些思考

请参考《创业需要创造条件》情境图 A、A1、A3、A4，完成以下任务：

1.为什么说创业前提是“条件是不完备的，资源是不充分的”？（翻转课堂）

2.结合案例阐述：“为什么创新性创业需要一双发现的慧眼？”（翻转课堂）

存量市场与增量市场–1

请参考《创业需要创造条件》情境图B、B1、B2，完成以下任务：

1.结合案例阐述：什么是存量市场？（翻转课堂）

2.结合案例阐述：什么是增量市场？（翻转课堂）

存量市场与增量市场–2

请参考《创业需要创造条件》情境图B、B1、B2，完成以下任务：

1.结合案例阐述：存量市场就是红海吗？增量市场就是蓝海吗？（翻转课堂）

2.“存量市场和增量市场不是绝对的，更多的时候是存量市场中有增量，增量市场中有存量。”请结合实际案例谈谈对这句话的理解。

创业如何切入存量市场？–1

请参考《创业需要创造条件》情境图C、C1、C2，完成以下任务：

1.“创业选择体量巨大、效率不高的存量市场，这里面可能更有机会。”请结合实际案例谈谈对这句话的理解。（翻转课堂）

2.“面对行业巨头，如果你要创业，你要做的不是如何挑战他，而是如何弥补他。”请结合实际案例谈谈对这句话的理解。（翻转课堂）

创业如何切入存量市场？–2

请参考《创业需要创造条件》情境图C、C3、C4、D，完成以下任务：

1.从“鸡活着的时候价值大还是死了以后价值大？”看存量市场。（翻转课堂）

2.“对于存量市场创业不能有这种感觉：这个事情现在不做，晚几天就失去机会。存量市场创业即使晚起步一、二年，方向和方法对了，也能赚钱。”如果现在有一个养殖越南东涛鸡的创业项目，你打算如何入手？（翻转课堂）

学习心得

根据任务的难度和完成的质量、数量、创新性、相关性、匹配程度等，给予具体评分：90–99、80–89、70–79、60–69、50–59、40–49、30–39、0–29。未做任务者计0分。

讨论与分享

课程思政

在以下思政元素中，选择一个与本模块章节相匹配的，学生团队讨论后，派代表上台分享相关案例。

1.创业带动就业，属于民生工程。
2.创业精神，如创新精神、合作精神、民族精神、进取精神、拼搏精神、艰苦奋斗精神、吃苦耐劳精神等。
3.创业与青年学子的理想、使命与担当。
4.创业与个人价值、社会价值的实现，如何为国家繁荣富强做出贡献。
5.创业法律法规与法治。
6.创业中的敬业。
7.创业中的诚信。
8.创业中的友善。
9.创业中融入爱国主义，通过培养创新创业精神，在创新创业实践中开展爱国主义教育。
10.创业中自己要成为什么样的人？如何成为社会主义建设者和接班人，如何为人民服务？
11.创业理论学习与实践中，如何理解理论性和实践性相统一，如何理解“认识-实践-再认识-再实践”。
12.创业与四个自信、四个意识。
13.创业精神与历史主动精神。
14.创业技能与工匠精神。
15.创业实践与劳动教育。
16.创业人才与国家战略发展和人才管理。
17.其他思政元素（具体填写）：________________________

____

创新创业课程资源库

案例 ● 教案 ● 音视频 ● PPT课件 ● 电子教材
策划方案 ● 课程思政资料和图片 ● 创业计划书

扫描二维码，进入课程思政专栏

我的思考：

团队讨论

任务可团队分工完成，也可个人独立完成；可直接写在任务纸上，也可在自行准备的练习本上完成（注明任务名称）。

《创业需要创造条件》翻转课堂情境图任务 B

时间TIME：
年 月 日

2学时

个人姓名： 团队名称： 任务名称：

实到团队成员：

迟到团队成员：

旷课团队成员： 请假团队成员：

情境图任务的参考答案线索和思路都隐含在情境图和任务纸中，请灵活掌握。线索和思路不是标准答案，仅起到参考和抛砖引玉的作用。《授课说明》和课件 PPT 非学习必备配套，没有亦不影响使用。

关于商业智慧的一些思考

请参考《创业需要创造条件》情境图 A、A2，完成以下任务：

1. “商业的最高智慧是无中生有。”请结合实际案例谈谈对这句话如何理解？（翻转课堂）

2. “初创型企业的创办前提永远是资源是不充分的，条件是不完备的，因为没有才需要创造，创造才会产生价值。”请结合实际案例阐述你对这句话是如何理解的？（翻转课堂）

创业如何切入增量市场？-1

请参考《创业需要创造条件》情境图C、C3、C4，完成以下任务：

1. “增量市场需要创新，而商业创新的核心是商业模式的创新。”请结合实际案例谈谈对这句话的理解。（翻转课堂）

2.请结合实际案例阐述：商业模式的创新有哪些？（翻转课堂）

创业如何切入增量市场？-2

请参考《创业需要创造条件》情境图C、C3、C4，完成以下任务：

1.请结合实际案例阐述：创新性创业要具备哪些条件？（翻转课堂）

2.请结合实际案例阐述：如何保持创新和经营优势，持续领先？（翻转课堂）

创造条件创业

请参考《创业需要创造条件》情境图E、E1-E12，完成以下任务：

1.结合实际案例阐述：创造条件创业需要考虑哪些方面的因素？（翻转课堂）

2.在创业需要考虑的要素中，“虚与实”“红与蓝”“内与外”分别指的是什么？（翻转课堂）

创造补贴与创业类型

请参考《创业需要创造条件》情境图F、F1-F10、G，完成以下任务：

1.国家给予的符合大学生创业补贴有哪些？具体情况可以向哪些部门咨询和了解？（翻转课堂）

2.创业类型有哪六种？请对你挑选到的一种创业类型利弊进行重点阐述。

学习心得

根据任务的难度和完成的质量、数量、创新性、相关性、匹配程度等，给予具体评分： 90-99、80-89、70-79、60-69、50-59、40-49、30-39、0-29。未做任务者计 0 分。

创新创业课程资源库

案例 ● 教案 ● 音视频 ● PPT课件 ● 电子教材

策划方案 ● 课程思政资料和图片 ● 创业计划书

扫描二维码，进入课程思政专栏

创业基础训练之 3

创业需要捕捉机会

创业基础训练之 3

创业需要捕捉机会

帝蒙斯 创业模型

A 创业三要素

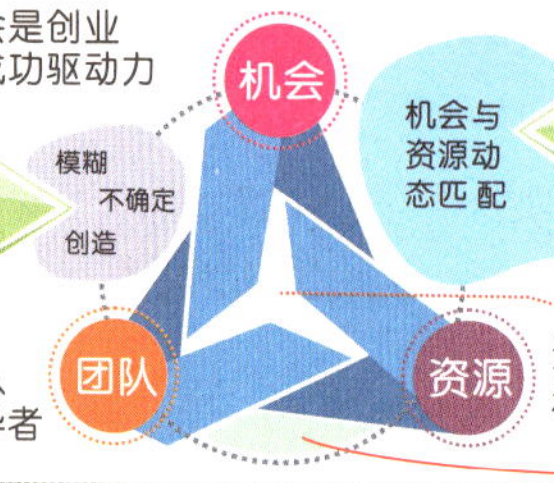

商业机会是创业过程的成功驱动力

机会和团队之间存在着模糊性、不确定性和创造性

创始人或工作团队是创业过程的主导者

资源与商机之间经历着一个从适应到产生差距，再从差距到适应的一个动态过程。

资源是创业过程的必要保证

整合资源 构建战略 处理危机 持续发展

创业过程是商业机会、创业者和资源三个要素匹配和平衡的结果，这个结果是由一个连续不断的寻求平衡的行为组合导致的。

B 什么是创业构想？

创业构想是对一个人或组织在所处环境中发现需求、识别机会的一种回应，好的创业构想是实现创业者愿望、把握或创造商业机会的第一步。

B1 寻找创业模式

B2 确定创业目标

B3 确定创业原则

C 创业构想的来源

C1 兴趣爱好

C2 技能和经验

C3 特许加盟

C4 大众传媒

C5 行业展会、博览会和特许展等

C6 市场调查

C7 倾听抱怨

C8 随时发现问题

C9 头脑风暴

C10 创新思维激发创造力

D 创业构想内容

以产品和服务为例

D1 销售什么产品或服务？

D2 向谁销售产品或服务？

D3 产品或服务能帮目标客户解决哪些问题？

D4 如何销售产品或服务？

E 国内常见的创业机会来源

E1 质疑发现问题

E2 各种变化

E3 创造发明

E4 商业竞争

E5 新技术、新原料等的产生

什么是创业机会？就是知识、技术、经济、政治、社会和人口等条件的变化带来的创造新产品、新服务，新市场、新原材料、新技术、新方法等新事物的潜力。

F 创业机会的类型与识别途径

F1 现有的市场机会和潜在市场机会

F2 行业市场机会和边缘市场机会

F3 目前市场机会和未来市场机会

F4 全面市场机会和局部市场机会

识别创业机会的途径

- 广泛搜集信息，培养市场调查的习惯。
- 根据企业的问题去搜集信息。
- 从不同渠道搜集信息，紧盯目标市场行情。
- 多看多想，有独特的思维。
- 调查货源情况、市场需求（总量、结构）、竞争状况，进行价格预测、销路预测等。
- 分析供求差异：找市场缺口或边角，从竞争对手的缺陷中把握商机，分析市场变化，从问题解决过程中把握商机、把握创业机会。

G 评估创业机会

G1 创业机会评估流程

善用SWOT分析模型

通过SWOT分析，评估创业机会的可行性并作出决定：（1）坚持创业构想并进行全面的可行性研究；（2）修改原来的创业构想；（3）完全放弃这个创业构思。

G2

内部	优势 S	W 劣势
外部	机会 O	T 威胁

H 把握创业机会

H1 着眼于问题把握机会

H2 利用变化把握机会

H3 跟踪技术创新把握机会

H4 在市场夹缝和危机中把握机会

H5 捕捉政策变化把握机会

H6 弥补对手缺陷把握机会

经典案例 Levi's 牛仔裤的诞生

牛仔裤的发明人是美国的犹太移民Levi Strauss。1850年他跟着许多人去美国西部淘金，途中一条大河拦住了去路，许多人感到愤怒，但Levi却说“棒极了！”他设法租了一条船给想过河的人摆渡，结果赚了不少钱。不久摆渡的生意被人抢走了，Levi又说“棒极了！”，因为采矿出汗很多饮用水很紧张，于是别人采矿他卖水，又赚了不少钱。后来卖水的生意又被抢走了，Levi又说“棒极了”，因为采矿时工人跪在地上，裤子的膝盖部分特别容易磨破，而矿区里却有许多被人扔弃的帆布帐篷，Levi就把这些旧帐篷收集起来洗干净，做成裤子销量很好，“牛仔裤”就是这样诞生的。

相关创业案例讨论：蔡衍明与“旺旺”，梁伯强与“圣雅伦”。

发现身边的创业机会

【问题聚焦】

成功的创业活动必须对机会、创业团队和资源三者进行最适当的匹配，并且还要随着事业的发展而不断进行动态平衡。创业过程由机会启动，在创业团队建立以后，就应该设法获得为创业所必需的资源，这样才能顺利实施创业计划。

商业机会是创业过程的核心要素，创业的核心是发现和开发机会，并利用机会实施创业。因此，识别与评估市场机会是创业过程的起点，也是创业过程中的一个关键阶段。资源是创业过程不可或缺的支撑要素，为了合理利用和控制资源，创业者往往要制定设计精巧、用资谨慎的创业战略，这种战略对创业具有极其重要的意义。而创业团队则是实现创业这个目标的关键组织要素。

在创业过程中，由于机会模糊、市场不确定、资本市场风险以及外部环境变化等因素经常影响创业活动，致使创业过程充满了风险，因此，创业者必须依靠自己的领导、创造和沟通能力来发现和解决问题，掌握关键要素，及时调整机会、资源、团队三者的组合搭配，以保证新创企业顺利发展。

【创业机会的大致来源】

- 源于市场环境变化的创业机会。环境变化了，市场需求、市场结构必然发生变化。著名管理大师彼得·德鲁克将创业者定义为那些能“寻找变化，并积极反应，把它当作机会充分利用起来的人”。怎么寻找创业机会？这种变化主要来自产业结构的变动、消费结构升级、城市化加速、人口思想观念的变化、政府政策的变化、人口结构的变化、居民收入水平提高、全球化趋势等方面。

- 源于未被解决的用户问题的创业机会求。而顾客需求在没有满足前就是问题。怎么寻找创业机会？寻找创业机会的一个重要途径是善于发现和体会自己和他人在需求方面的问题或生活中的难处。

- 源于市场竞争的创业机会。如果你能弥补竞争对手的缺陷和不足，这也将成为你的创业机会。看看你周围的公司，你能比他们更快、更可靠、更便宜地提供产品或服务吗？你能做得更好吗？若能，你也许就找到了机会。

- 新知识、新技术带来的创业机会。例如随着健康知识的普及和技术的进步，围绕“吸烟有害健康”就带来了许多创业机会。

- 由创造发明提供的新产品、新服务带来的创业机会。比如随着电脑的诞生，电脑维修、软件开发、电脑操作的培训、图文制作、信息服务、网上开店等创业机会随之而来，即使你不发明新的东西，你也能成为销售和推广新产品的人，从而给你带来商机。

大学生创业评估

【问题聚焦】

大学生创业之前需要对创业项目、创业技能、创业资金、社会资源、竞争对手、核心竞争力、管理能力、团队共识、人才管理、风险意识等进行判断，这十个方面的问题也是创业者可能会遇到的风险。这些风险哪些可以控制？哪些目前很难解决？哪些需要极力避免？一旦这些风险出现，该如何应对和化解？是否有能力承担并渡过难关？针对这些，创业者都需要做出认真、切实的评估。

【大学生创业需要做的一些评估】

- 评估创业项目。大学生创业初期要对打算进入的行业和计划展开的项目做一定的可行性研究和需求调研，收集较新的行业研究报告及相关数据，听取创业导师一些中肯的指导意见和建议。大学生创业项目多集中在软件开发、网络服务、设计摄影等方面，快餐、零售等连锁加盟店也是大学生比较青睐的项目。

- 评估专业专长和技能。凡是能称之为技能的东西都不是顷刻之间学会的，需要一个不断训练的过程，但大学生容易存在眼高手低的问题。一些计算机、通信技术等专业的大学生，要将在学校里学到的一些知识和技术转换成实际应用的产品也需要一个不断实践，不断积累经验的过程。真正的专长和技能就是一种能解决问题的能力。

- 评估创业资金。创业应提前做启动资金计划、成本预测、现金流预测等财务分析，要正确评估筹资现金流和经营现金流，多长时间能够达到经营平衡点，多长时间能够盈利，从而实现企业的正常运营。

- 评估管理风险。大学生知识单一、经验不足、资金不足、心理素质不高等因素，容易带来决策随意、忽视创新、急功近利、患得患失等问题，增加管理上的风险。

- 评估社会资源。创业资金筹集、企业创建、产品开发、市场拓展等都需要调动多方面的社会资源，企业初创阶段，社会资源比较丰富和有家族企业资源的大学生创业比较容易展开工作。

- 评估团队共识度。一个团队是否能形成合力，要看有多少人达成了共识。创业团队共识度评估和团队执行力评估是检测团队创业基因的两个重要指标，也是志同道合的事业基础。

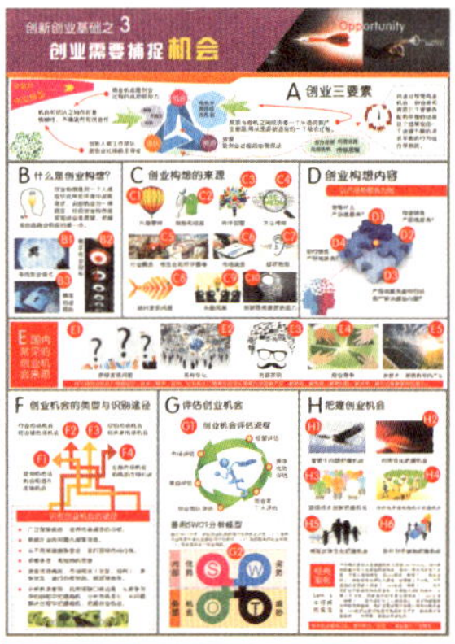

任务可团队分工完成，也可个人独立完成；可直接写在任务纸上，也可在自行准备的练习本上完成（注明任务名称）。

《创业需要捕捉机会》翻转课堂情境图任务 A

时间TIME：
年 月 日

2学时

个人姓名： 团队名称： 任务名称：

实到团队成员：

迟到团队成员：

旷课团队成员： 请假团队成员：

情境图任务的参考答案线索和思路都隐含在情境图和任务纸中，请灵活掌握。线索和思路不是标准答案，仅起到参考和抛砖引玉的作用。《授课说明》和课件 PPT 非学习必备配套，没有亦不影响使用。

关于帝蒙斯创业模型

请参考《创业需要捕捉机会》情境图 A，完成以下任务：

1.结合“帝蒙斯创业模型”阐述：创业需要具备哪三个要素？

2.结合实际案例阐述：创业三个要素之间有什么关联性？（翻转课堂）

国内常见的创业机会来源

请参考《创业需要捕捉机会》情境图E，完成以下任务：

1.结合实际案例阐述：什么是创业机会？（翻转课堂）

2.结合实际案例阐述：国内常见的创业机会来源有哪些？（翻转课堂）

捕捉创业机会的几个环节

请参考《创业需要捕捉机会》情境图B、F、G、H，完成以下任务：

1.捕捉创业机会由四个环节构成：（1）创业构想；（2）识别创业机会；（3）评估创业机会；（4）把握创业机会。请结合实际案例阐述这四个环节之间的关联性如何？（翻转课堂）

2.在以上四个环节中，你认为最重要的是哪个环节？为什么？（翻转课堂）

创业构想

请参考《创业需要捕捉机会》情境图B、B1、B2、B3，完成以下任务：

1.结合实际案例阐述：什么是创业构想？（翻转课堂）

2.结合实际案例阐述：创业构想由哪三个部分构成？（翻转课堂）

创业构想的来源

请参考《创业需要捕捉机会》情境图C、C1-C8，完成以下任务：

1.结合实际案例阐述：创业构想的来源主要有哪些？（翻转课堂）

2.在以上创业构想来源中，你认为对你帮助最大的是哪一个？为什么？（翻转课堂）

学习心得

根据任务的难度和完成的质量、数量、创新性、相关性、匹配程度等，给予具体评分：90-99、80-89、70-79、60-69、50-59、40-49、30-39、0-29。未做任务者计 0 分。

讨论与分享

课程思政

在以下思政元素中，选择一个与本模块章节相匹配的，学生团队讨论后，派代表上台分享相关案例。

1.创业带动就业，属于民生工程。
2.创业精神，如创新精神、合作精神、民族精神、进取精神、拼搏精神、艰苦奋斗精神、吃苦耐劳精神等。
3.创业与青年学子的理想、使命与担当。
4.创业与个人价值、社会价值的实现，如何为国家繁荣富强做出贡献。
5.创业法律法规与法治。
6.创业中的敬业。
7.创业中的诚信。
8.创业中的友善。
9.创业中融入爱国主义，通过培养创新创业精神，在创新创业实践中开展爱国主义教育。
10.创业中自己要成为什么样的人？如何成为社会主义建设者和接班人，如何为人民服务？
11.创业理论学习与实践中，如何理解理论性和实践性相统一，如何理解“认识–实践–再认识–再实践”。
12.创业与四个自信、四个意识。
13.创业精神与历史主动精神。
14.创业技能与工匠精神。
15.创业实践与劳动教育。
16.创业人才与国家战略发展和人才管理。
17.其他思政元素（具体填写）：________________________

____

我的思考：

团队讨论

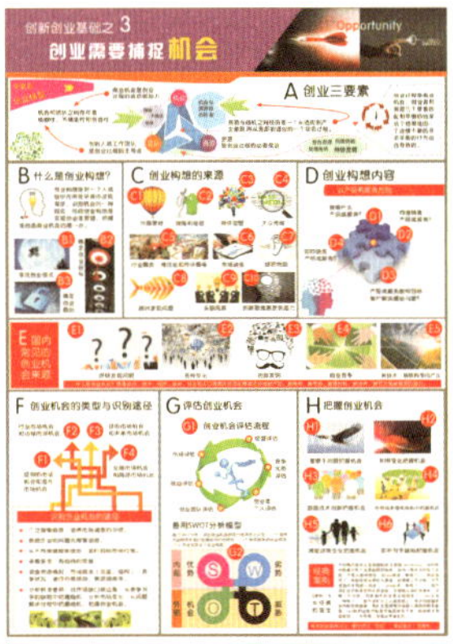

任务可团队分工完成，也可个人独立完成；可直接写在任务纸上，也可在自行准备的练习本上完成（注明任务名称）。

《创业需要捕捉机会》翻转课堂情境图任务 B

时间TIME：
年 月 日

2学时

个人姓名： 团队名称： 任务名称：

实到团队成员：

迟到团队成员：

旷课团队成员： 请假团队成员：

情境图任务的参考答案线索和思路都隐含在情境图和任务纸中，请灵活掌握。线索和思路不是标准答案，仅起到参考和抛砖引玉的作用。《授课说明》和课件 PPT 非学习必备配套，没有亦不影响使用。

创业构想的内容

请参考《创业需要捕捉机会》情境图 D、D1–D4，完成以下任务：

1.如果你的创业项目是产品或服务，创业构想内容的四个环节是什么？

2.结合实际案例阐述：产品或服务类的创业构想内容四个环节的关联性如何？（翻转课堂）

创业机会类型与识别途径

请参考《创业需要捕捉机会》情境图F、F1–F4，完成以下任务：

1.结合实际案例阐述：创业机会有哪几种类型？（翻转课堂）

2.结合实际案例阐述：如何识别以上几种创业机会类型？（翻转课堂）

评估创业机会

请参考《创业需要捕捉机会》情境图G、G1、G2，完成以下任务：

1.结合实际案例阐述：如何评估创业机会？（翻转课堂）

2.利用SWOT模型，分析你的创业项目。（翻转课堂）

内部 外部	优势S：	劣势W：
机会O：	SO组合：	WO组合：
威胁T：	ST组合：	WT组合：

把握创业机会

请参考《创业需要捕捉机会》情境图H、H1–H6，完成以下任务：

1.结合实际案例阐述：如何把握创业机会？（翻转课堂）

2.在以上几种创业机会中，哪一种比较容易适合你创业时把握？（翻转课堂）

把握创业机会的经典案例

请参考《创业需要捕捉机会》情境图H、H1–H6，完成以下任务：

1.请描述Levi’s牛仔裤创始人Levi Strauss是如何发现和把握创业机会的？你感受最深的是什么？（翻转课堂）

2.请在“旺旺”和“圣雅伦”创业案例中选一个来阐述：创业者该如何把握创业机会？（翻转课堂）

学习心得

根据任务的难度和完成的质量、数量、创新性、相关性、匹配程度等，给予具体评分： 90–99、80–89、70–79、60–69、50–59、40–49、30–39、0–29。未做任务者计 0 分。

高等职业教育创新创业系列教材

以成果为导向的情境式可视化创新创业训练系统

创业基础训练之 4

创业需要团队协作

创业基础训练之 4

创业需要团队协作

Collaboration

有口才的人　对着一群有耳朵　的人说话

A1

A 什么是团队？

A2 目标一致

A3 技能互补

A4 利益相关

A5 相互依存

B 为什么创业需要团队？

B1 一个人包打天下的日子已经过去了

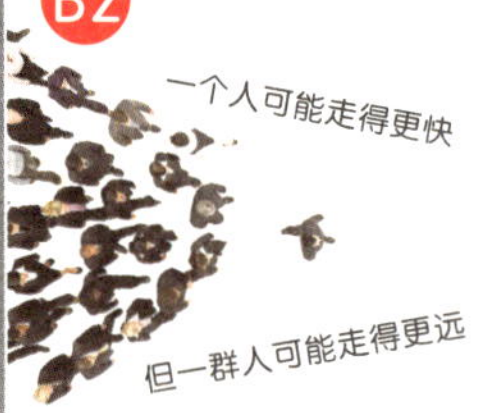

B2

B3 团队与团伙

C 团队里什么样的人容易获得成功？

C1 能始终跟着团队一起成长的人

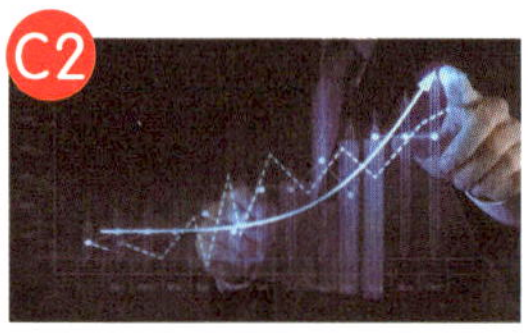

C2 对团队前景看好的人

C3 在团队不断探索中能找到自己位置的人

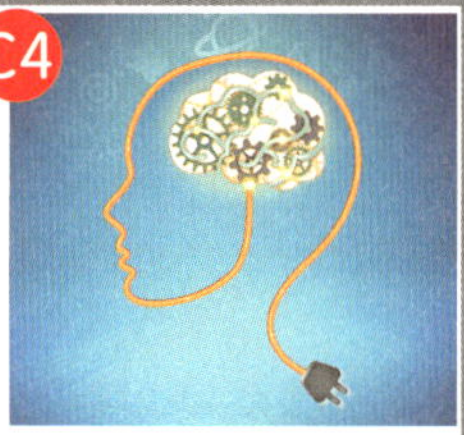

C4 为了实现团队新目标不断学习新东西的人

C5 抗压能力强且有耐性的人

C6 与团队同心同德、同舟共济、同甘共苦的人

C7 不计较个人得失，顾全大局的人

C8 雄心博大，德才兼备，有奉献的人

D 案例讨论与思考

D1 西天取经团队

D2 曹操团队

D3 刘备团队

D4 孙权团队

D5 梁山团队

D6 你的团队

E 问题与机会

E1
哪个团队都有问题
哪个团队都有优点
不要老想着做不顺就放弃
不要轻易离开团队，否则你将从零做起

E2 公司的问题：就是你改善的机会

E3 客户的问题：就是你提供服务的机会

E4 自己的问题：就是你成长的机会

E5 同事的问题：就是你给予帮助，建立合作的机会

E6 领导的问题：就是你积极解决，获取信任的机会

E7 竞争对手的问题：就是你变强的机会

E8 团队的问题：就是你脱颖而出的机会

训练场地布置示意图

（训练前按6–8人组建团队）

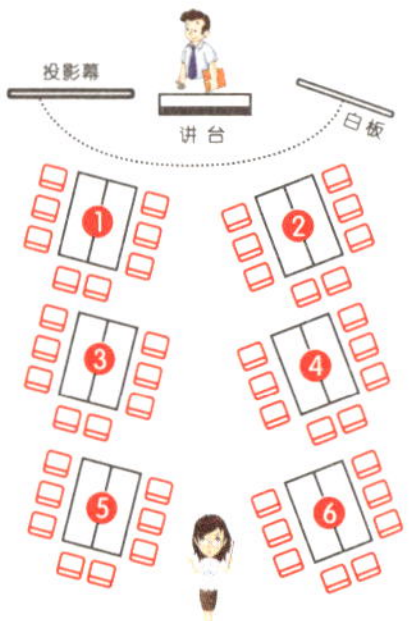

大小色子或折纸条抓阄均可

每个团队成员
分别选出各对应
数字的职位类型

1 2 3
4 5 6

如团队成员数字有重复可重选一次，再次重复则取消。

F 初创型企业股份结构

主要问题：一山二虎、三国鼎立、五王争霸

F1 结构不合理的企业永远做不大，股权分配不好的企业很容易分裂。

F2 企业的股权设计，核心是老大的股权设计。老大不清晰，企业股权很难分配。

- 67%股权 有完全控制权
- 51%股权 有相对控制权
- 34%股权 有一票否决权
- 20%股权 界定同业竞争权利
- 10%股权 可申请解散公司
- 5%股权 上市公司重大股东变动警示线
- 3%股权 临时提案权
- 1%股权 代位诉讼权

G 合伙人管理模式

老板不控股时，可通过AB股计划、事业合伙人制确保老板对公司的控制力。

为自己干就是为公司的这种互谋互利的管理模式被称为合伙人管理模式。

这种管理模式是建立在规范、健全的合伙人制度之下的。

H 重要职位类型

1. CEO: Executive 首席执行官
2. COO: Operation 首席营运官
3. CTO: Technology 首席技术官
4. CFO: Finance 财务总监
5. CHO: Human resource 人事总监
6. CSO: Sales 销售总监

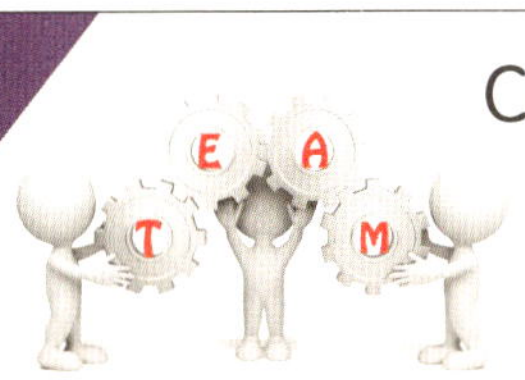

大学生创业团队构建

【问题聚焦】

大学生初创团队基本上创建基于朋友、同学依靠人际关系组建而成，在学历、经历、专业、年龄上趋于统一，团队成员结构互补性不足，不能同时包括技术人才、市场人才和管理人才。同时缺少团队中的核心人物和骨干人员，很难形成有效的团队组织，更缺乏纪律性，容易导致团队缺乏核心凝聚力、稳定性和协作能力。另一方面，由于缺乏对社会实际情况的调查、研究，缺乏社会阅历，大学生团队缺乏可控社会资源以及潜在可用资源。因此，很多大学生初创团队走不出大学阶段，一些存在时间较长的大学生创业团队创办的小微企业，多数熬不过5个年头，一般伴随团队创业规模的不断扩大，创业团队容易产生分歧而导致分裂，除了团队成员能力与发展方向和组织要求不适应之外，更多的是源于创业团队由初期向中期的转型和团队的管理上。

【大学生创业团队组建基础】

● 大学生创业团队要有共同努力的方向，要有为共同目标而努力的具体行动纲领和准则。团队的组织者要统一团队成员的目标，并在倾听、理解的基础上予以引导、激励、调节。能否统一团队目标，在一定程度上决定了团队运作的成败。

● 对于初创团队而言，团队的核心非常重要，其核心人物的凝聚力对团队核心竞争能力的影响非常大。对于初创团队而言，确定了正确的努力方向之后，速度比完美更重要，效率比民主更重要。

● 创业团队成员要做到优势互补。一个好的创业团队，应该是一个优势互补的团队，由研发、技术、市场、融资等各方面组成的一流的合作伙伴是创业成功的法宝。团队人才的搭配还应注意个人性格与看问题角度的不同。一个团队里要有能提出建设性建议和不断发现问题的成员，这对创业团队的成长大有裨益。

● 要选择对团队有高度认同感和热情的人加入，并使所有人在团队初创期就要有每天长时间工作的准备。任何人，不管他的专业水平多么高，如果对创业的信心不足，将无法适应创业的需求。

● 要注重团队成员的持续学习力，只有不断学习、才能激发团队的创造力，才能取得长足发展。新成员要了解团队理念，拥有统一信念，进一步推出新产品和新服务，这些都要在不断学习中完成。

关于股权结构设计

股权结构设计，直接影响团队的成与败……

【问题聚焦】

一些大学生创业团队认为，创业初期啥都没有，先谈股权太虚，先把产品做出来再说，而且伙伴大多是同学，即使设计股权结构，也多以平均分配为主。很多初创团队的股权结构通常由出资人根据其出资比例进行设置，这种设置在日后的运营中会存在很多问题。有的初创团队股权结构比较单一，随着市场的拓展和企业的发展，最初设定的股权结构可能引发各类矛盾。

【几种不合理的股权结构设计】

● **股权过于分散。**其特点是：每个股东平均享有低额股份。这种股权设计的问题主要有：（1）容易造成股东之间相互牵制，导致股东会决策无法形成，无法对市场的变化及时作出反应，错过发展机会。（2）股东的平均低额股份，影响股东参与管理的热情度，由此导致股东对经理层监督力度下降，造成实际经营权由管理层把持的情况。（3）股东之间一旦形成矛盾，容易造成冲突，影响公司稳定运营。（4）股权过于分散，也将导致公司融资困难重重。

● **股权过于集中。**其特点是：一个股东达到或超过67%的绝对控股比例。在公司初创期，股权集中有利于公司有效决策的形成，并促进公司发展。但从长远来看，股权过于集中，容易造成的问题主要有：（1）导致公司利益受损：首先，个人专断公司事务难免出现失误，一旦大股东在重大决策上决断失误，公司的利益必将受到严重损害；其次，容易导致大股东个人行为与公司行为混同，导致公司利益受损；最后，如果大股东因意外情况无法处理公司事务时，则可能出现小股东争夺控制权的情况，导致公司利益受损。（2）导致公司治理结构失衡。一股独大，导致公司董事会、监事会形同虚设，无法对股东会形成有效制约，大股东的行为，也可能因此失去控制。

● **平均分配股权。**其特点是：公司的大股东之间的股权比例相等或相当接近，没有其他小股东或者其他小股东的股权比例极低。容易造成的问题主要有：（1）导致公司僵局。股东均分股权，容易因意见不合互不支持对方的提议，最终导致重大问题无法在股东会上形成有效决议。（2）平均股权的大股东意见冲突时，小股东偏向任何一方都可做出有效决策。此时，小股东实际上控制了公司。

任务可团队分工完成，也可个人独立完成；可直接写在任务纸上，也可在自行准备的练习本上完成（注明任务名称）。

《创业需要团队协作》翻转课堂情境图任务 A

时间TIME：
年 月 日

2学时

个人姓名： 团队名称： 任务名称：

实到团队成员：

迟到团队成员：

旷课团队成员： 请假团队成员：

情景图任务的参考答案线索和思路都隐含在情景图和任务纸中，请灵活掌握。线索和思路不是标准答案，仅起到参考和抛砖引玉的作用。《授课说明》和课件 PPT 非学习必备配套，没有亦不影响使用。

关于团队

请参考《创业需要团队协作》情境图 A、A1–A5，完成以下任务：

1.结合案例阐述：什么是团队？（翻转课堂）

2.结合案例阐述：形成团队有哪几个指标？（翻转课堂）

创业与团队

请参考《创业需要团队协作》情境图B1、B2、B3，完成以下任务：

1.结合案例阐述：为什么创业需要团队？（翻转课堂）

2.结合案例阐述：创业团队与团伙有什么区别？（翻转课堂）

团队成员与成功团队

请参考《创业需要创造条件》情境图C1–C8，完成以下任务：

1.有哪8种团队成员容易获得成功？（翻转课堂）

2.结合实际案例阐述：在8种容易成功的团队成员中，你认为排前3位的是哪3种团队成员。（翻转课堂）

创业案例讨论与思考–1

请参考《创业需要创造条件》情境图D、D1，完成以下任务：

1.在西天取经团队中，猪八戒是成功人士吗？为什么？如果给猪八戒封了个什么官？（翻转课堂）

2.孙悟空大闹天宫时，十万天兵天将都拿他不住，但孙悟空在护送唐僧西天取经的路上却连一些妖怪都打不过，为什么？难道妖怪都比天兵天将要厉害？（翻转课堂）

创业案例讨论与思考–2

请参考《创业需要创造条件》情景图D、D1，完成以下任务：

1.在西天取经团队中，唐僧是这个团队中的老大，唐僧是自主创业吗？历史上，玄奘西行印度取经是主动的还是被动的？自主创业和被动创业你更倾向于哪一个？为什么？（翻转课堂）

2.在唐僧、孙悟空、猪八戒、沙僧、白龙马这个五名团队成员中，只有四名能进董事局，你认为该淘汰哪一位？为什么？（翻转课堂）

学习心得

根据任务的难度和完成的质量、数量、创新性、相关性、匹配程度等，给予具体评分：90–99、80–89、70–79、60–69、50–59、40–49、30–39、0–29。未做任务者计 0 分。

讨论与分享

Collaboration

课程思政

在以下思政元素中，选择一个与本模块章节相匹配的，学生团队讨论后，派代表上台分享相关案例。

1.创业带动就业，属于民生工程。
2.创业精神，如创新精神、合作精神、民族精神、进取精神、拼搏精神、艰苦奋斗精神、吃苦耐劳精神等。
3.创业与青年学子的理想、使命与担当。
4.创业与个人价值、社会价值的实现，如何为国家繁荣富强做出贡献。
5.创业法律法规与法治。
6.创业中的敬业。
7.创业中的诚信。
8.创业中的友善。
9.创业中融入爱国主义，通过培养创新创业精神，在创新创业实践中开展爱国主义教育。
10.创业中自己要成为什么样的人？如何成为社会主义建设者和接班人，如何为人民服务？
11.创业理论学习与实践中，如何理解理论性和实践性相统一，如何理解“认识–实践–再认识–再实践”。
12.创业与四个自信、四个意识。
13.创业精神与历史主动精神。
14.创业技能与工匠精神。
15.创业实践与劳动教育。
16.创业人才与国家战略发展和人才管理。
17.其他思政元素（具体填写）：________________________

____

创新创业课程资源库

案例 ● 教案 ● 音视频 ● PPT课件 ● 电子教材
策划方案 ● 课程思政资料和图片 ● 创业计划书

扫描二维码，进入课程思政专栏

我的思考：

团队讨论

J 创业成员性格动物园

此页内容根据实际需要演练

K 创业团队的创业者类型转换

（创业者的九种类型）

顺 升华 1→7→5→8→2→4→1 3→6→9→3

和平型 HePing 和事佬

生命中最大的挑战：随波逐流

成熟时/顺境时是（q）：爱好和平

未成熟/逆境时是（r）：得过且过

领袖型 LingXiu 指导者

生命中最大的挑战：控制欲过强

成熟时/顺境时是（o）：天生领袖

未成熟/逆境时是（p）：霸道

完美型 WanMei 改革者

生命中最大的挑战：总是执着于对与错

成熟时/顺境时是（a）：做足100分

未成熟/逆境时是（b）：挑剔，愤世嫉俗

活跃型 HuoYue 多面手

生命中最大的挑战：太过于自我，没有深度

成熟时/顺境时是（m）：热爱生命

未成熟/逆境时是（n）：不能脚踏实地

助人型 ZhuRen 帮助者

生命中最大的挑战：用自己的爱去换取别人接受自己

成熟时/顺境时是（c）：慷慨，为他人着想

未成熟/逆境时是（d）：认为自己不能取代

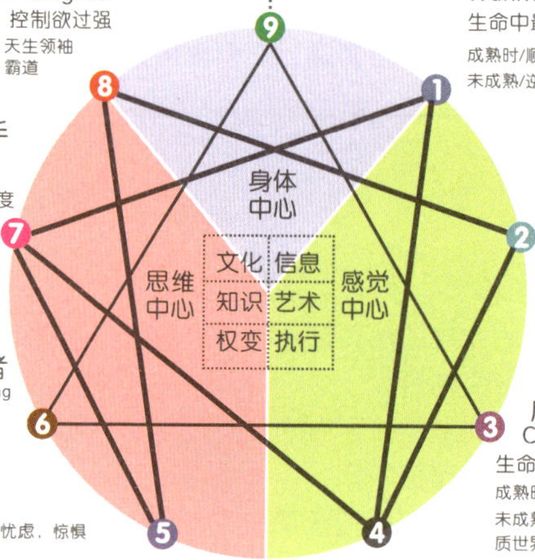

忠诚型 ZhongCheng 追随者

生命中最大的挑战：猜疑，畏首畏尾

成熟时/顺境时是（k）：抱中守一，忠心耿耿

未成熟/逆境时是（ℓ）：忧虑，惊惧

成就型 ChengJiu 促成者

生命中最大的挑战：拼命去找成就感

成熟时/顺境时是（e）：有干劲

未成熟/逆境时是（f）：操纵性强，容易在物质世界迷失自己。

思考型 SiKao 思想家、哲学家

生命中最大的挑战：空想，不能付诸行动

成熟时/顺境时是（i）：有深度，分析能力强

未成熟/逆境时是（j）：贪婪，不知足

感觉型 GanJue 艺术家、创意者

生命中最大的挑战：特立独行，刻意与众不同

成熟时/顺境时是（g）：见解独特，有创意

未成熟/逆境时是（h）：情绪化

1←7←5←8←2←4←1 3←6←9←3 恶化 逆

特别思考

创业成员性格动物园

1.在18种动物当中，选择你最喜欢的3种，依次写下这3种动物的名称。

2.请分别描述你所选的3种动物的特点。（翻转课堂）

3.请描述一下你的性格特点。（翻转课堂）

创业者类型转换

1.把你选择的三种动物放入到创业者九种类型图中，你看看是哪几种类型的哪种状态？（成熟或不成熟、顺境或逆境） 注：1–18分别对应字母a–r

2.创业者的九种类型是可以相互转换的，什么样的转换顺序是升华的？什么样的转换顺序是恶化的？为什么？

人才甄选

【问题聚焦】

如何招到一支有绩效的优秀团队，人才的招聘和甄选是关键，主要有六大步骤：（1）企业要清晰知道什么时候招人？（2）招什么样的人？优秀的标准是什么？（3）这个人怎么样？内心探测，做心理测试：行为风格MBTI-M版93题测试15分钟、标准情商EQ 50题测试10分钟、卡特尔16PF 187题测试45分钟、盖洛普5个优势才干SST 180题40分钟、喜好匹配DDI31（31题）10分钟；（4）需要掌握问话技巧，可采用星星闪烁问话术一问到底，注意要多问为什么，并在适当的环节进行取悦问话；（5）关注和吸引人才；（6）在企业运营中融入人才。

【人才甄别之问话技术探讨】

● 战略思考之测试问话：（1）你现在公司面临的三个重要战略问题是什么？（2）描述你参与处理其中的一项战略问题。（3）你当时采取了什么样的行动？（4）你以为过工作中最大的经验和教训是什么？（5）你认为你的上司对你的期望点是什么？

● 业绩导向之测试问话：（1）你曾经是如何推动业务发展的？（2）你在工作中用到了哪些自己的长处？（3）你采取了什么样的步骤来帮助该项目发展？（4）你改变或者改善了什么工作程序？（5）当时的条件和环境如何？（6）你为什么要那么做？（7）你如何评价结果？（8）你未来应该如何提高团队业绩？

● 团队意识之测试问话：（1）请描述出你领导团队的经历和感受；（2）你心目中的理想团队是什么样的？（3）你的团队最欣赏你哪些方面，为什么？（4）你是如何看待制度和人性化管理的？（5）哪些词最能描述你的性格？（6）举例说明这些性格对你在团队协作方面有哪些帮助和障碍？

● 协调影响之测试问话：（1）在你的团队疲惫时期你做了什么？（2）用事实证明你应当何时改变他人的想法？（3）为什么要这样做？效果如何？（4）如果团队成员怀疑你，怎么办呢？（5）你对公司各部门关系如何评价？（6）你在公司部门之间扮演了什么角色？（7）当工作的最后期限来临时，你会做什么？（8）当员工对公司的目标、制度、方法、计划提出质疑的时候，你怎么办？你是怎么想的？你做了哪些事情？做了以后效果如何？

识别大学生创业相关误区

【问题聚焦】

大学生创业是一种以在校生和毕业生为创业主体的创业过程。大学生创业能提高自己的能力，增长社会实战经验，学以致用，而且一旦成功创业，不仅能实现梦想，也能通过创造价值来证明自己的价值。另一方面，由于大学生社会和实践经验不足，盲目乐观，没有充足的心理准备，在创业方面存在着种种误区和偏差，这些容易造成创业各种挫折，最后导致失败。

创业前，很多大学生比较注重参考成功的创业案例，心态大多是理想主义的。其实成功的背后还有更多的失败，看到成功，也看到失败，这才是看待创业的正确态度。成功的创业案例固然可以参考，但失败的创业案例对初创者来说可能更重要。在成功的创业案例中，你很难看到创业者当时最真实的状态和过程，只看到结果，因为对成功创业者而言，他讲出过去的种种心酸和委屈现在都变成了一种荣耀。对于创业失败者而言，过去种种的心酸和委屈都没有人愿意知道，正因为这样，大学生创业者更需要了解失败的原因，尽量避免再次踏进别人的创业误区，重复别人的错误。

【大学生创业的几大误区】

● 误区一：创业者受过的教育水平越高越好。良好的教育背景能帮助创业者站上较高的起点，但能不能创造业绩成果的关键在于创业者能否不断学习，是否有清晰的思路和方向，能不能把握时代的脉搏，与时俱进。创业者的情商比智商更重要。

● 误区二：创业者要有充足的资本。资金的缺乏不是创业的绝对障碍，商业的最高智慧是无中生有。没有才需要去创造，条件不够充足的时候才更有机会，等到自己具备足够的条件才决定去做，市场已经被别人抢占完了。

● 误区三：有资本就是有钱。通俗的理解资本就是钱，资本不足就是缺钱。其实资金的背后还隐藏着两个东西：一个是知本，一个是智本。知本（知识和发现）同样能变成钱，智慧能创造更高的价值。没有知本和智本支撑，资本就不能持续产生钱，钱再多也会挥霍和消耗掉。

● 误区四：好朋友就是好的创业伙伴。很多大学生创业初期喜欢“拉帮结派”，在没有一个统一的创业目标、没有了解每个人互补优势和能力、价值观不一致的情况下，盲目地将人聚集起来。即使初期能共患难，随着创业的过程和企业的成长，就会有很多利益冲突暴露出来，导致创业者分道扬镳。

任务可团队分工完成，也可个人独立完成；可直接写在任务纸上，也可在自行准备的练习本上完成（注明任务名称）。

《创业需要团队协作》翻转课堂情境图任务 B

时间TIME:
年　月　日

2学时

个人姓名：　　团队名称：　　任务名称：

实到团队成员：

迟到团队成员：

旷课团队成员：　　请假团队成员：

情境图任务的参考答案线索和思路都隐含在情境图和任务纸中，请灵活掌握。线索和思路不是标准答案，仅起到参考和抛砖引玉的作用。《授课说明》和课件 PPT 非学习必备配套，没有亦不影响使用。

塑造强大的团队

请参考《创业需要团队协作》情境图 A、A1–A5，完成以下任务：

1. “强大的团队有这样一个强势思维：让老板操心是我们能力不足！”请结合实际案例阐述你对这句话的理解。（翻转课堂）

2. “人走在一起不是团队，心走在一起才是团队。强大的团队不是因为人多，而是因为心齐。”请结合实际案例阐述你对这句话的理解。（翻转课堂）

团队的问题与机会

请参考《创业需要团队协作》情境图E、E1–E8，完成以下任务：

1. “哪个团队都有问题，哪个团队都有优点，不要老想着做不顺就放弃。不要轻易离开团队，否则你将从零做起。”请结合案例阐述你对这句话的理解。（翻转课堂）

2. 结合案例阐述：团队的问题和机会有哪些？（翻转课堂）

创业案例讨论与思考–3

请参考《创业需要创造条件》情境图D、D2–D6，完成以下任务：

1. 如果让你在曹操团队、刘备团队、孙权团队和梁山团队中选一个加入，你会选哪个？为什么？（翻转课堂）

2. “团队中最重要的管理核心是：规则至上、问题在桌面、不问为什么？”你认同这句话吗？请结合你所在团队实际情况进行阐述。（翻转课堂）

初创型企业股份结构

请参考《创业需要创造条件》情境图F、F1、F2，完成以下任务：

1. “结构不合理的企业永远做不大，股权分配不好的企业很容易分裂。”请结合实际案例阐述你对这句话的理解。（翻转课堂）

2. “企业的股权设计，核心是领导者的股权设计。领导者不清晰，企业股权很难分配。”请参照股权分配 8 条线对团队成员的股权进行分配。（翻转课堂）

企业重要职位与合伙人管理模式

请参考《创业需要创造条件》情景图G、H，完成以下任务：

1. 企业里的重要职位有哪些？团队每位成员根据自己抽选的职位进行阐述在团队中的职责和应发挥的作用。（翻转课堂）

2. 结合实际案例阐述：什么是合伙人管理模式？合伙人制有哪些作用？

学习心得

根据任务的难度和完成的质量、数量、创新性、相关性、匹配程度等，给予具体评分：90–99、80–89、70–79、60–69、50–59、40–49、30–39、0–29。未做任务者计 0 分。

创业基础训练之 5

创业需要项目落地

创业基础训练之 5

创业需要项目落地

A 创业项目要先确定行业和市场

A1 朝阳行业

A2 夕阳行业

A3 行业与职业

A4 需求侧与供给侧

B 行业大类

B1 机构组织 B2 农林牧渔 B3 医药卫生 B4 建筑建材 B5 冶金矿产 B6 石油化工 B7 水利电力 B8 交通运输 B9 信息产业

B10 机械机电 B11 轻工食品 B12 服装纺织 B13 专业服务 B14 安全防护 B15 环保绿化 B16 旅游休闲 B17 办公文教 B18 电子电工 B19 玩具礼品

B20 家居用品 B21 物资专材 B22 包装用品 B23 体育用品 B24 办公家具

C 创业项目需要准确定位

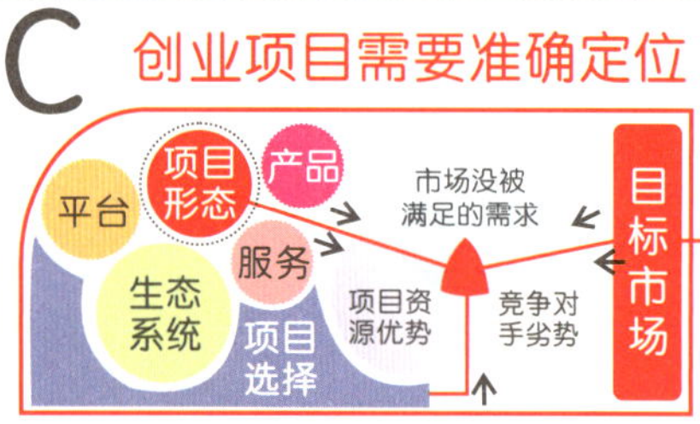

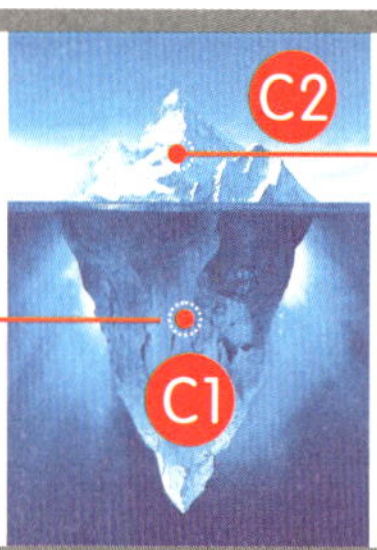

目标客户

切入点：定位准确的消费群

痛点：解决什么问题

尖叫点：解决问题的方案

制高点：壁垒、优势、标杆

转折点：危机与机会

D 创业项目要能给目标客户创造价值

D1 能为别人创造价值，自己才有价值。

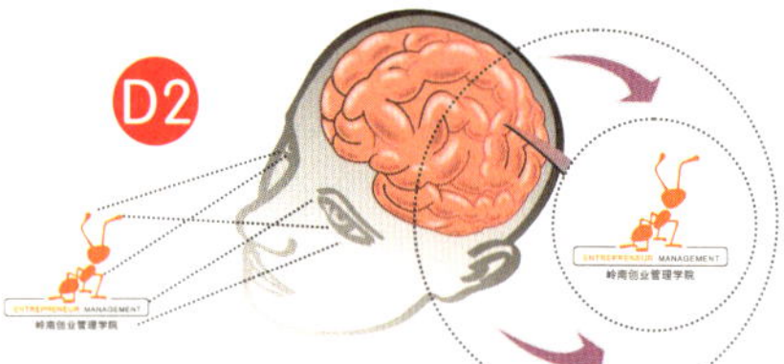
D2 不要尝试改变目标客户，而是在目标客户头脑中找到自己的位置。

D3 要做第一，不要做第二。如果在现有的品类中做不了第一，那么细分出一个品类也要做第一。

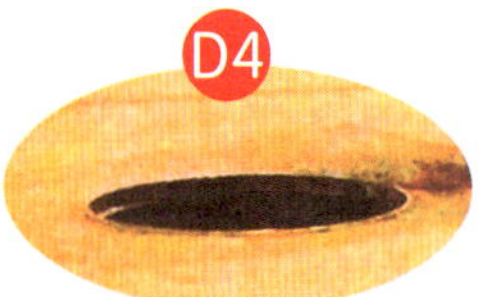
D4 避开“人人满意”的陷阱，企图让所有人满意，结果只会让所有人都不满意。企图占据所有市场，只会失掉所有市场。

E 创业项目要有胜人一筹的盈利模式

E1 成功的盈利模式要能提供独特价值。

有时候这个独特的价值可能是新的思想；而更多的时候，它往往是产品和服务独特性的组合。这种组合要么可以向客户提供额外的价值，要么使得客户能用更低的价格获得同样的利益，或者用同样的价格获得更多的利益。

E2 胜人一筹的盈利模式是难以模仿的。

E3 成功的盈利模式是脚踏实地的。脚踏实地就是实事求是，就是把盈利模式建立在对客户行为的准确理解和假定上。

F 创业项目要有自己掌握的关键资源支撑

F1 资本

F2 知本

F3 智本

数据整理 信息 + 知识 + 能力

智慧 +

资源整合五问

做成此事需要哪些资源？

我们已经具备了哪些资源？

我们还缺哪些资源？

我们缺的资源在哪些人那里？

别人为什么要给你这些资源？

用户、客户与商业模式

【问题聚焦】

商业模式是产品实现商业化（交换）的过程，包括塑造价值、传递价值、获取收益三大模块。商业模式至少由四个方面构成：（1）产品模式；（2）用户模式；（3）推广模式；（4）利润模式。所有的商业模式都要建立在产品模式和用户模式的基础之上，没有对产品和用户的思考，公司是不可能做大的。

用户不是一个复合概念，与客户、消费者、顾客都存在着一定关联，了解这几者之间的联系和区别，对我们理解商业模式的内核有着重要意义，所有的商业模式都是与人紧密关联的。

【用户、客户、消费者与顾客的关联及区别】

- 用户：产品的使用者，该产品可以是使用者花钱买的，也可以不是。自己花钱买产品的用户也是顾客。产品设计者习惯使用“用户”称谓。
- 客户：彼此之间有买卖关系的企业、团体或个人。购买产品的客户是顾客，购买产品并使用产品的客户既是顾客也是用户。企业对团购者、微商从业者对购买者习惯使用“客户”称谓。
- 消费者：产品的占有者，对于占有的产品，他们可以使用也可以不使用，可以买也可以不买。购买产品的消费者是顾客，使用产品的消费者是用户。消费者本身就包括了顾客和用户，从事市场研究的人员和市场营销的教学者习惯使用“消费者”称谓。
- 顾客：产品的购买者，对于购买的产品，他们可以使用也可以不使用，但一定是自己花钱购买的。门店经营者习惯使用“顾客”称谓。

【商业模式创新设计的关键点】

- 相关交易者利益结构设计。商业模式的相关交易者除了买方、卖方，还可能会有连接买卖的中间方和产品的使用方等。商业模式要创新，必须深入研究相关交易者利益结构，并设计出简洁、清晰的一句话，能在很短的时间内（甚至是瞬间）打动相关交易者。相关交易者利益结构设计，要能解决迅速成交的问题。
- 接触点服务设计。接触点可以是线下，也可以是线上。接触点服务的好坏会直接影响顾客的喜恶、判断和是否产生购买的行为。接触点服务设计得好，顾客买了第一次后，还会不断回头购买；不仅自己购买，还会介绍给别人购买。接触点服务设计，要能解决顾客流失的问题。

用精益画布打磨创业项目

问题
需要解决的三个问题

解决方案
产品最重要的三个功能

关键指标
应该考核哪些？

独特卖点
用一句简明扼要但引人注目的话阐述：为什么你的产品与众不同，值得购买？

竞争壁垒
无法被对手轻易复制或超越

渠道
如何找到客户？

目标客户
客户群分类并进行客户画像

成本分析
产品成本、争取客户所需花费、销售产品所需花费、人工成本、其他成本等

收入分析
盈利模式、收入来源、毛利、净利润等

任务可团队分工完成，也可个人独立完成；可直接写在任务纸上，也可在自行准备的练习本上完成（注明任务名称）。

《创业需要项目落地》翻转课堂情境图任务 A

时间TIME：
年 月 日

2学时

个人姓名： 团队名称： 任务名称：

实到团队成员：

迟到团队成员：

旷课团队成员： 请假团队成员：

情境图任务的参考答案线索和思路都隐含在情境图和任务纸中，请灵活掌握。线索和思路不是标准答案，仅起到参考和抛砖引玉的作用。《授课说明》和课件 PPT 非学习必备配套，没有亦不影响使用。

关于行业与市场的一些思考

请参考《创业需要项目落地》情境图 A、A1、A2、A3，完成以下任务：

1.如果你要创业，你会选择朝阳行业还是选择夕阳行业？为什么？（翻转课堂）

2.结合案例阐述：创业是选对行业重要还是选对职业重要？为什么？行业和职业的区别在哪里？（翻转课堂）

创业项目如何确定行业？

请参考《创业需要项目落地》情境图B、B1-B24，完成以下任务：

1.如果创业，你想选哪个行业大类？为什么？（翻转课堂）

2.选择了行业大类后，请在此行业的小类中选择一个，翻转课堂图中没有列出的行业小类，请参考百度的搜索结果。（翻转课堂）

创业项目如何确定目标市场？

请参考《创业需要项目落地》情境图C、C1，完成以下任务：

1.结合实际案例阐述：如何确定目标市场？（翻转课堂）

2.结合实际案例阐述：项目形态有哪些？难度最高的是什么？（翻转课堂）

创业项目如何确定目标客户？

请参考《创业需要项目落地》情境图C、C2，完成以下任务：

1.结合实际案例阐述：什么是“五点式”项目定位？目标客户在“五点式”项目定位中起着什么作用？（翻转课堂）

2.请用“五点式”项目定位来描述一下你打算进行的创业项目。（翻转课堂）

创业如何创造价值？-1

请参考《创业需要项目落地》情境图D、D1、D2，完成以下任务：

1.“能为别人创造价值，自己才有价值。”请结合实际创业项目案例阐述你对这句话的看法。（翻转课堂）

2.“不要尝试改变目标客户，而是在目标客户头脑中找到自己的位置。”请结合实际创业项目案例阐述你对这句话的看法。（翻转课堂）

学习心得

根据任务的难度和完成的质量、数量、创新性、相关性、匹配程度等，给予具体评分：90-99、80-89、70-79、60-69、50-59、40-49、30-39、0-29。未做任务者计 0 分。

讨论与分享

课程思政

在以下思政元素中，选择一个与本模块章节相匹配的，学生团队讨论后，派代表上台分享相关案例。

1.创业带动就业，属于民生工程。
2.创业精神，如创新精神、合作精神、民族精神、进取精神、拼搏精神、艰苦奋斗精神、吃苦耐劳精神等。
3.创业与青年学子的理想、使命与担当。
4.创业与个人价值、社会价值的实现，如何为国家繁荣富强做出贡献。
5.创业法律法规与法治。
6.创业中的敬业。
7.创业中的诚信。
8.创业中的友善。
9.创业中融入爱国主义，通过培养创新创业精神，在创新创业实践中开展爱国主义教育。
10.创业中自己要成为什么样的人？如何成为社会主义建设者和接班人，如何为人民服务？
11.创业理论学习与实践中，如何理解理论性和实践性相统一，如何理解“认识-实践-再认识-再实践”。
12.创业与四个自信、四个意识。
13.创业精神与历史主动精神。
14.创业技能与工匠精神。
15.创业实践与劳动教育。
16.创业人才与国家战略发展和人才管理。
17.其他思政元素（具体填写）：______________________

____

我的思考：

团队讨论

任务可团队分工完成，也可个人独立完成；可直接写在任务纸上，也可在自行准备的练习本上完成（注明任务名称）。

《创业需要项目落地》翻转课堂情境图任务 B

时间TIME：

年 月 日

2学时

个人姓名： 团队名称： 任务名称：

实到团队成员：

迟到团队成员：

旷课团队成员： 请假团队成员：

情境图任务的参考答案线索和思路都隐含在情境图和任务纸中，请灵活掌握。线索和思路不是标准答案，仅起到参考和抛砖引玉的作用。《授课说明》和课件 PPT 非学习必备配套，没有亦不影响使用。

需求侧与供给侧

请参考《创业需要项目落地》情境图 A、A4，完成以下任务：

1.需求侧的三驾马车有哪三个？

2.供给侧的四驾马车有哪四个？

3.结合案例阐述：创业是在需求侧中选更有机会，还是在供给侧中选更有机会？为什么？（翻转课堂）

创业如何创造价值？-2

请参考《创业需要项目落地》情境图D、D3、D4，完成以下任务：

1.“要做第一，不要做第二。如果在现有的品类中做不了第一，那么细分出一个品类也要做第一。”请结合实际创业项目案例阐述你对这句话有何看法？（翻转课堂）

2.“避开‘人人满意’的陷阱，企图让所有人满意，结果只会让所有人都不满意。企图占据所有市场，只会失掉所有市场。”请结合实际创业项目案例阐述你对这句话有何看法？（翻转课堂）

创业如何设计盈利模式?-1

请参考《创业需要项目落地》情境图E、E1，完成以下任务：

1.“成功的盈利模式要能提供独特价值。”请结合实际创业项目案例阐述你对这句话有何看法？（翻转课堂）

2.“有时候这个独特的价值可能是新的思想；而更多的时候，它往往是产品和服务独特性的组合。这种组合要么可以向客户提供额外的价值，要么使得客户能用更低的价格获得同样的利益，或者用同样的价格获得更多的利益。”请结合实际创业项目案例阐述你对这句话有何看法？（翻转课堂）

创业如何设计盈利模式?-2

请参考《创业需要项目落地》情境图E、E1，完成以下任务：

1.“胜人一筹的盈利模式是难以模仿的。”请结合实际创业项目案例阐述你对这句话有何看法？（翻转课堂）

2.“成功的盈利模式是脚踏实地的。”请结合实际创业项目案例阐述你对这句话有何看法？（翻转课堂）

创业项目要有资源支撑

请参考《创业需要项目落地》情境图F1、F2、F3，完成以下任务：

1.结合实际案例阐述：创业与资本、知本和智本的关系。（翻转课堂）

2.结合实际案例阐述：如何整合资源？（翻转课堂）

学习心得

根据任务的难度和完成的质量、数量、创新性、相关性、匹配程度等，给予具体评分： 90-99、80-89、70-79、60-69、50-59、40-49、30-39、0-29。未做任务者计 0 分。

创新创业课程资源库

案例 ● 教案 ● 音视频 ● PPT课件 ● 电子教材

策划方案 ● 课程思政资料和图片 ● 创业计划书

扫描二维码，进入课程思政专栏

创业基础训练之 6

创业需要人脉与组织

创业基础训练之 6

创业需要人脉与组织

A 盘点一下你的人脉

A1

铜牌　银牌　金牌

A2

人脉与圈子

A3

人脉与钱脉

B 人脉与创业

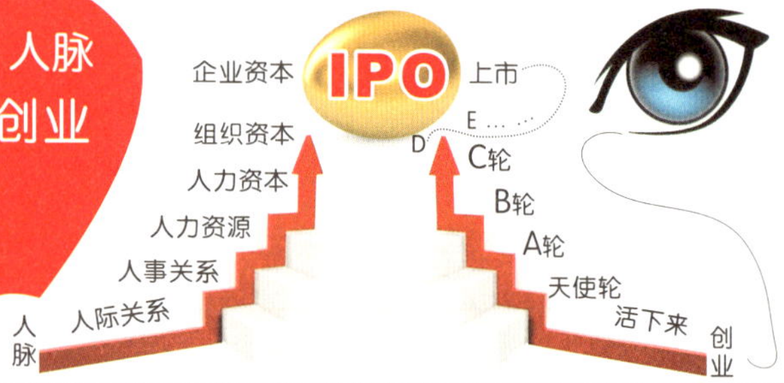

C 人脉与不同估值公司的区别

C1

估值 1 亿美金的公司

C2

估值 10 亿美金的公司（独角兽）

C3

如何做估值
100 亿美金的公司？

D 创业可能和哪些部门和人打交道？

D1

工商注册部门
或工商注册代理机构

D2

税务部门：国税与地税

D3

银行（开户行和贷款银行）

D4

质量技术监督部门
或卫生部门等

D5

办公场地租赁，符合条件的可入驻孵化园。

D6

办理工商注册后，到公安局指定地点刻章。

D7

财务代理机构
或企业管理顾问机构

D8

创业培训机构或相关行业的连锁加盟总部

E 创业常见的几种形式

E1

个体户

1.个体工商户　根据《促进个体工商户发展条例》进行注册登记。

2.个人独资企业　依据《中华人民共和国个人独资企业法》注册。

个体工商户能否作为经济组织的一种形式，目前仍在争议中。

个体户通常是一个人，或者一家人一起来经营，不够再雇一些伙计。不管是个体工商户还是个人独资企业，最大特点都是业主承担无限责任。

根据《中华人民共和国特许经营管理条例》，非企业法人在中国不能从事特许经营，不能成为连锁加盟盟主，但个体户、公司可以成为加盟者。

E2

合伙企业　公 司

创业组织类型中关于合伙企业和公司的描述见F企业与公司。

E3

个体工商户与
个人独资企业的区别

立刻查

自查相关资料进行讨论

E4

个人独资企业
和一人有限公司的区别

立刻查

自查相关资料进行讨论

F 企业与公司

企业一般是指以盈利为目的，运用各种生产要素（土地、劳动力、资本、技术和企业家才能等），向市场提供商品或服务，实行自主经营、自负盈亏、独立核算的法人或其他社会经济组织。

企业存在的三类基本组织形式

独资企业　合伙企业　公司

公司制企业是现代企业中最主要的最典型的组织形式。

合伙企业，是指自然人、法人和其他组织依照《中华人民共和国合伙企业法》在中国境内设立的，由两个或两个以上的自然人通过订立合伙协议，共同出资经营、共负盈亏、共担风险的企业组织形式，主要类型有普通合伙企业和有限合伙企业。

普通合伙企业	有限合伙企业
普通合伙企业由 2 人以上普通合伙人（没有上限规定）组成，合伙人对合伙企业债务承担无限连带责任。	有限合伙企业由 2 人以上50人以下的普通合伙人和有限合伙人组成，其中普通合伙人和有限合伙人都至少有1人。

特殊的普通合伙企业：如果一个合伙人在经营中故意或者重大过失造成损失，该合伙人承担无限责任，其他合伙人只承担有限责任。如果非故意或者重大过失造成的损失，由全部合伙人一起承担无限连带责任。特殊的普通合伙企业在企业名称上一定会增加“特殊普通合伙”字样，特殊的普通合伙形式在全世界中国是独有的。

有限责任公司	
多股东	一人有限公司
股东在50人以内，股东的股权按百分比区别，按各自出资金额承担有限责任。	自然人或法人按认缴注册资本承担有限责任。国有独资公司是一人有限公司的特殊形式。

股份有限公司

股份公司的发起人是 2–200人，股份公司分为普通股份公司和挂牌股份公司两种，在中国股东超过200人的公司就是公众公司。

外资公司

外资公司包括中外合作、中外合资、外商独资三种类型。

G 自然人与法人 法定代表人与法人代表

自然人即公民：具有某一国国籍，并根据该国法律规定享有权利和承担义务的人。

G1

G2

通常法人是在一个国家和地区经注册的合法组织。

法人的类型比较多，如政府、事业单位、社会团体（红十字会、协会、寺庙等）、公司都是法人。

军队也是法人，不过比较特殊，不是依据《中华人民共和国民法通则》设立的法人。

法人代表和法定代表人是两个不同的法律概念。

法人代表不是一个独立的法律概念。法人代表依法定代表人的授权而产生，没有法定代表人的授权，就不能产生法人代表，法人代表对外行使权力都要受到法定代表人授权的限制，他的行为不是法人本身的行动，而是对法人发生直接的法律效力。

法定代表人是代表注册的合法组织行使法律权利和承担法律责任的人。公司的营业执照上都会有个“法定代表人”，这个“法定代表人”并不一定是公司的实际控制人，甚至连股份没有都可以。

知识拓展（案例讨论参考）

H VIE模式 Variable Interest Entities 可变利益实体

目标市场定位与产品定位

【问题聚焦】

目标市场定位与产品定位是有区别的。目标市场定位是指企业对目标消费者和目标消费者市场的判断和选择；产品定位是指企业对应用什么样的产品来满足目标消费者和目标市场的需求。从逻辑关系上来讲，应该先进行目标市场定位，然后才进行产品定位。产品定位是将对目标市场的选择与企业产品结合的一个决策过程，也是将市场定位企业化、产品化的一项工作。

目标市场定位与产品定位之间的关系是：产品定位的计划和实施以市场定位为基础，在目标消费者心目中为产品创造一定的特色、赋予一定的形象，以满足目标消费者的需求和偏好。

【产品定位三问】

- 第一问：产品要在目标市场上取得多少的市场份额?
- 第二问：产品要在市场竞争中获得怎样的市场位置?
- 第三问：产品在市场营销中的年销售额目标和利润率如何?

【产品定位的一些方法】

- 差异定位法。开发和销售的产品与竞争对手相比，有什么显著的差异性? 产品的差异性不只是在于其产品，也可扩及服务。

- 利益定位法。在零售业当中，最重要的消费者利益，主要体现在产品品质、价格、服务及购买地点等几个方面。利益定位就是把产品的好处量化出来：顾客购买这种产品之后，能够带来多少快乐? 减少多少痛苦? 减少多少麻烦? 提高多少效率等。

- 关系定位法。当产品没有明显差异，竞争对手之间产品非常类似时，采用关系定位法非常有效：利用形象及感性广告手法，成功地为产品进行定位，如：农夫山泉-有点甜，百岁山-水中贵族。

- 问题定位法。即对行业内的问题进行定位，为产品建立市场地位。问题定位法是针对消费者面临的共同问题加以定位的方法，一般只有在产品的差异性并不重要或不明显，而且竞争者少之又少的情况下，才会采用问题定位法。问题定位法一般常用于国家垄断行业，石油、电力、铁路、烟草等。

- 分类定位法。分类定位法主要适用于计划推向市场的新产品，当该新产品不能在市场同类产品中占有领先的位置时，可以细分出一个新的产品类别，比如淡啤酒和一般高热量啤酒的竞争，就是采用这种定位方法的典型例子。

如何做产品规划？

【问题聚焦】

产品规划是以市场环境、用户需求、公司战略、竞争状态、产品目标为基础，设计制定出可以满足用户和市场需求、具备行业竞争力、达成公司战略目标和产品目标方向的整体解决方案。

做产品规划要具备终局思维，要能看透一件事情的本质，看到事情最后的“终局”。产品规划要基于终局结果去规划设计，从而才能明确方向：朝着“终局”前进。“终局”并不是指事情真正的结局，而是通过分析，确定产品的发展方向。产品规划要能成为产品开发、生产和推广过程中的指路明灯，让实施过程有计划地进行，从而比较从容面对未知的变化和困难。

【产品规划主要步骤】

- 第一步：梳理产品现状。在梳理产品现状的前提下，整理出产品基本面，并初步构建出产品体系。这个过程是从模糊到具体、从主干到枝叶，以及枝叶不断细化的过程。进行产品现状梳理的关键性手段有两大类：一类是定量，通过数据分析，了解产品基本面、关键指标的表现，透过现象看本质；一类是定性，通过用户访谈，了解产品现状，找到关键的方向。

- 第二步：根据用户需求设计用户场景。用户需求是产品的内核，是塑造产品价值的出发点。用户场景和需求是持续变化的，随着场景和需求的不断变化，产品也在顺应需求的变化中不断迭代。

- 第三步：要从行业视角，研究行业变化。行业的视角分为两个方面：一方面要对同赛道产品足够熟悉；另一方面要关注同类产品变化，发现产品新线索和新模式。

- 第四步：要从业务方向上研究行业产品。互联网时代，产品要能实现上游和下游的衔接。例如教育行业里，不仅要知道学生和家长的痛点，还要看上游业务思路和方向，紧密围绕业务方的主航道，及时获取、消化自上而下的战略思考和顶层设计。

- 第五步：整合所有信息，总结问题。这一步是综合收敛过程，把所有信息整合一起，提炼要解决的重大核心问题，问题就是切入点，问题出来了，要在问题中找产品开发目标。

- 第六步：制定里程碑计划。前面五步都聚焦在一个关键点：找目标。制定里程碑计划的关键点是找路径。里程碑的意义，让团队有目标感、节奏感，知道在什么时间点，达成什么目标。计划要做的所有事，最后要能形成MVP（最简化可行产品）。MVP是交付一个可用的最小功能集合的产品，能满足用户基本需求，虽然不完善但至少可用，逐次迭代，直至做出完全满足用户需求的产品。

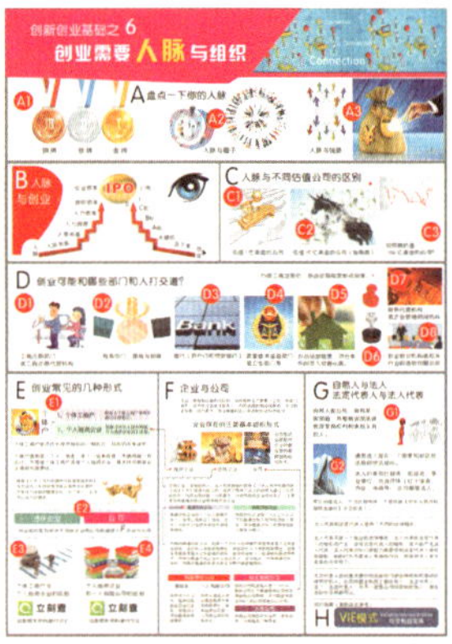

任务可团队分工完成，也可个人独立完成；可直接写在任务纸上，也可在自行准备的练习本上完成（注明任务名称）。

《创业需要人脉与组织》翻转课堂情境图任务 A

时间TIME:
年 月 日

2学时

个人姓名： 团队名称： 任务名称：

实到团队成员：

迟到团队成员：

旷课团队成员： 请假团队成员：

情境图任务的参考答案线索和思路都隐含在情境图和任务纸中，请灵活掌握。线索和思路不是标准答案，仅起到参考和抛砖引玉的作用。《授课说明》和课件 PPT 非学习必备配套，没有亦不影响使用。

关于人脉的一些思考

请参考《创业需要人脉与组织》情境图 A、A1、A3，完成以下任务：

1.如果要给能力、资源和文凭授予奖牌，铜牌、银牌和金牌分别对应的是哪三个？为什么？（翻转课堂）

2.“人脉决定钱脉”，请结合案例阐述你对这句话的理解。（翻转课堂）

人脉与创业

请参考《创业需要人脉与组织》情境图B，完成以下任务：

1.结合案例阐述：人脉与企业资本有什么关系？（翻转课堂）

2.结合案例阐述：人脉与创业有什么关系？（翻转课堂）

人脉与不同估值公司的区别

请参考《创业需要人脉与组织》情境图C、C1-C3，完成以下任务：

1.结合案例阐述：要成为估值1亿美元的公司该如何做？（翻转课堂）

2.结合案例阐述：要成为估值10亿美元的公司该如何做？（翻转课堂）

3.结合案例阐述：住宅可以办理公司注册吗？（翻转课堂）

创业可能和哪些部门和人打交道？-1

请参考《创业需要人脉与组织》情境图D、D1，完成以下任务：

1.结合案例阐述：如果创业需要成立公司，如何到工商部门进行核名？最好预先拟订多少个名字？（翻转课堂）

2.有人在陕西宝鸡注册了一个 39 字的公司名：宝鸡有一群怀揣梦想的少年相信在牛大叔的带领下一定能创造生命奇迹网络科技有限公司，谈谈你对此公司起名的看法。（翻转课堂）

创业可能和哪些部门和人打交道？-2

请参考《创业需要人脉与组织》情境图D、D1，完成以下任务：

1.过去很长的时间里，在中国大陆地区注册公司是有注册资金要求的，而在香港地区注册公司却没有资金要求，为什么？（翻转课堂）

2.为什么现在在中国大陆地区申办公司，对公司的注册资金要求降低了很多？（翻转课堂）

学习心得

根据任务的难度和完成的质量、数量、创新性、相关性、匹配程度等，给予具体评分： 90-99、80-89、70-79、60-69、50-59、40-49、30-39、0-29。未做任务者计 0 分。

讨论与分享

课程思政

在以下思政元素中，选择一个与本模块章节相匹配的，学生团队讨论后，派代表上台分享相关案例。

1.创业带动就业，属于民生工程。
2.创业精神，如创新精神、合作精神、民族精神、进取精神、拼搏精神、艰苦奋斗精神、吃苦耐劳精神等。
3.创业与青年学子的理想、使命与担当。
4.创业与个人价值、社会价值的实现，如何为国家繁荣富强做出贡献。
5.创业法律法规与法治。
6.创业中的敬业。
7.创业中的诚信。
8.创业中的友善。
9.创业中融入爱国主义，通过培养创新创业精神，在创新创业实践中开展爱国主义教育。
10.创业中自己要成为什么样的人？如何成为社会主义建设者和接班人，如何为人民服务？
11.创业理论学习与实践中，如何理解理论性和实践性相统一，如何理解“认识–实践–再认识–再实践”。
12.创业与四个自信、四个意识。
13.创业精神与历史主动精神。
14.创业技能与工匠精神。
15.创业实践与劳动教育。
16.创业人才与国家战略发展和人才管理。
17.其他思政元素（具体填写）：______________________

____

创新创业课程资源库

案例 ● 教案 ● 音视频 ● PPT课件 ● 电子教材

策划方案 ● 课程思政资料和图片 ● 创业计划书

扫描二维码，进入课程思政专栏

我的思考：

团队讨论

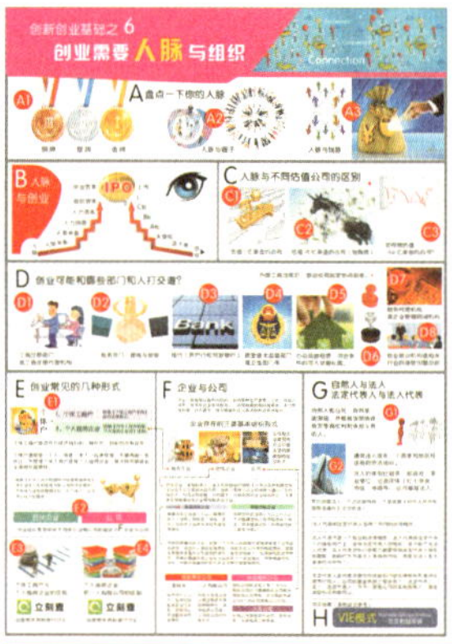

任务可团队分工完成，也可个人独立完成；可直接写在任务纸上，也可在自行准备的练习本上完成（注明任务名称）。

《创业需要人脉与组织》翻转课堂情境图任务 B

时间TIME：
年　月　日

2学时

个人姓名：　　团队名称：　　任务名称：

实到团队成员：

迟到团队成员：

旷课团队成员：　　请假团队成员：

情境图任务的参考答案线索和思路都隐含在情境图和任务纸中，请灵活掌握。线索和思路不是标准答案，仅起到参考和抛砖引玉的作用。《授课说明》和课件 PPT 非学习必备配套，没有亦不影响使用。

人脉与圈子

请参考《创业需要人脉与组织》情境图 A、A2，完成以下任务：

1.结合案例阐述：创业，是人脉更重要，还是圈子更重要？（翻转课堂）

2.“优质的圈子，你硬挤是挤不进去的，等你有了足够的实力，就能昂首挺胸走进去。”，请结合案例阐述你对这句话的看法。（翻转课堂）

创业可能和哪些部门和人打交道？-3

请参考《创业需要人脉与组织》情境图D、D1、D2、D3、D4，完成以下任务：

1.结合案例阐述：创业开公司办理工商注册等手续，有哪些途径可以办理？（翻转课堂）

2.公司在银行开户需要哪些资料？（翻转课堂）

3.国税和地税有什么区别？（翻转课堂）

创业可能和哪些部门和人打交道？-4

请参考《创业需要人脉与组织》情景图D、D4-D8，完成以下任务：

1.结合案例阐述：工商营业执照、税务登记证等都有正、副本，正本和副本各有什么用途？（翻转课堂）

2.公司组织代码证要去哪个部门办理？公司刻章要去哪里办理？（翻转课堂）

3.除了前面所述之外，创业还有可能和哪些人及部门、机构打交道？

创业常见的几种形式

请参考《创业需要人脉与组织》情境图E、E1-E4、F，完成以下任务：

1.结合案例阐述：创业常见的几种形式有哪些？如果你要创业，你认为哪种形式最适合你？（翻转课堂）

2.结合实际案例阐述：企业的基本组织形式有哪些？（翻转课堂）

3.个体工商户、个人独资企业和一人有限公司有什么区别？

公司法定代表人与法人代表

请参考《创业需要人脉与组织》情境图F，完成以下任务：

1.结合阐述：公司有哪几种类型？（翻转课堂）

2.结合案例阐述：公司法定代表人与法人代表有什么区别？签订书面文书时不盖公司公章，只有公司法定代表人签字，有没有效？（翻转课堂）

学习心得

根据任务的难度和完成的质量、数量、创新性、相关性、匹配程度等，给予具体评分：90-99、80-89、70-79、60-69、50-59、40-49、30-39、0-29。未做任务者计 0 分。

创新创业课程资源库

案例 ● 教案 ● 音视频 ● PPT课件 ● 电子教材

策划方案 ● 课程思政资料和图片 ● 创业计划书

扫描二维码，进入课程思政专栏

创业基础训练之 7

创业需要相关流程与法律知识

创业基础训练之 7

创业需要相关流程与法律知识

Legal knowledge and Process

A 创业为什么要了解相关法律法规?

A1 创业者要知法懂法，树立守法经营的观念，为自己营造一个良好的生存发展空间。

A2 法律不仅对企业有约束的一面，同时也是给企业以法律保护。

A3 遵纪守法、诚信经营的企业才能立足和持续发展。

B 风险与机会

B1

B2

B3

C 与创办和经营企业相关的一些法律

C1 企业法

企业法包括：《公司法》《个人独资企业法》《合伙企业法》《个体工商户管理条例》《中外合资企业法》《乡镇企业法》等。

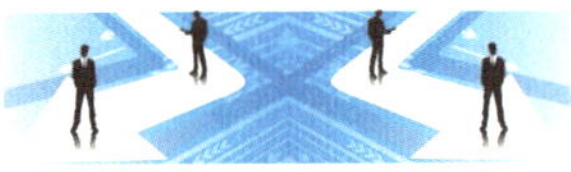

C2《民法典总则编》

与创业相关的民法典总则编的内容包括：基本规定、自然人、法人、非法人组织、民事权利、民事法律行为、代理、民事责任、诉讼时效、期间计算等。

C3《民法典合同编》

主要内容包括：一般合同的订立、效力的履行、变更和转让、权利义务的终止、违约责任等。

C4《劳动法》

《劳动法》与创业相关的内容包括：促进就业、劳动合同和集体合同、工作时间和休息休假时间、工资、职业安全卫生、女职工和未成年工的特殊保护、职业培训、社会保险和福利、劳动争议、监督检查等。

C5 其他法律

与企业相关的其他法律主要有：《知识产权法》《会计法》《税法》《产品质量法》《消费权益保护法》《反不正当竞争法》《保险法》以及《环境保护法》等。

D 与纳税相关的内容

D1

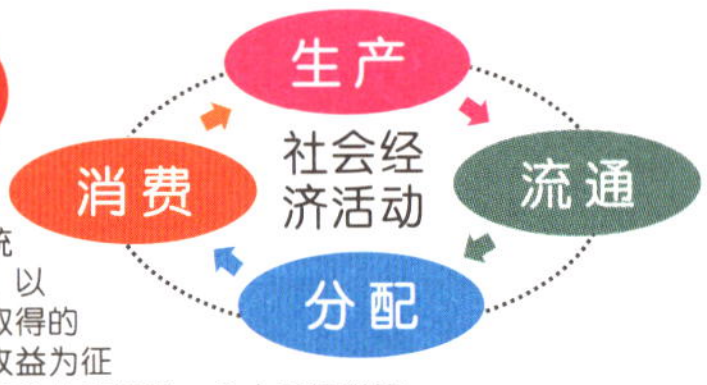

对分配环节征收的税种统称为所得税，以生产经营者取得的利润和个人收益为征税对象，包括企业所得税、个人所得税等。

国家对生产流通环节征收的税收统称为流转税，以销售收入或经营收入为征税对象，包括增值税、营业税和海关关税等。

D2

以下具体数字和内容以国家和地方税务部门实施数据为准

企业类型	流转税		企业所得税	城市维护建设税	教育税附加	其他税种
	增值税	营业税				
制造业 商业	一般纳税人为17%；小规模纳税人为3%		一般纳税人为25%；小型微利企业3%；偏远地区1%	参照税法	包括一般和地方	资源税、消费税（烟酒、烟花鞭炮、化妆品、汽油、柴油等）
服务业	参照税法	3% 5% 20%				消费税（金银首饰等）
农林牧渔业	17%		减税、免税			

D3 个人所得税

个体工商户、个人独资企业和合作企业不缴纳企业所得税，按5%~35%的超额累进税征收个人所得税。

D4

纳税金计算（小规模纳税人）：应纳税 = 营业额 × 税率 + 城市维护建设税 + 教育费附加

E 如何申请专利?

申请专利的好处 E1

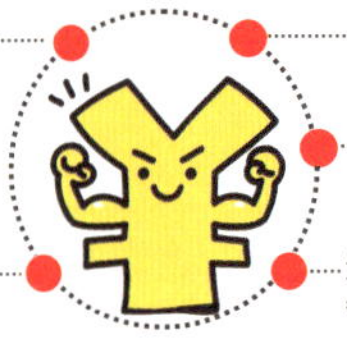

- 能力肯定和获得荣誉
- 进行市场垄断权
- 收取特许费
- 可作防护盾
- 增加企业价值和综合竞争力，获得风险投资。

E2 专利申请的类型

实用新型专利 是指对产品的形状、构造或者其结合所提出的适用于实用的新的技术方案。专利保护期限为10年，专利申请周期为9个月左右。

外观设计专利 是指对产品的形状、图案或者其结合以及色彩与形状、图案结合所作出的富有美感并适合应用的新设计。专利保护期限为10年，专利申请周期为9个月左右。

发明专利 是指对产品、方法或者其改进所提出的新的技术方案。专利保护期限为20年，专利申请周期为2-3年。要求“与申请日以前的已有技术相比，有突出的实质性特点和显著进步”，需进行实质性审查。

申请专利步骤 E3

专利检索 → 专利准备和相关资料填写 → 专利受理 → 办理专利权登记手续和缴费

委托专利代理人代办专利申请，利于提高申请专利的通过率。

收到授权通知书和办理登记手续通知后，需2个月办理登记手续并缴费。否则视为放弃专利权的权利。

F 企业工商注册登记基本流程

1. 核准企业名称
2. 经营项目审批
3. 编写公司章程
4. 经营场所准备
5. 申请和领取营业执照
6. 公司公章备案与刻制
7. 银行开户
8. 办理税务登记及组织代码证等

G 关于知识产权的相关法律

1.专利与《专利法》

专利是指某个政府机构根据申请颁发的文件；专利发明通常只有经过专利权所有人的许可才可以被相关人使用。

2.商标与《商标法》

商标是企业的一种无形资产，具有很高的价值。注册商标的有效期为10年，可申请续展，每次续展注册的有效期也是10年。

3.著作与《著作权法》

我国实行作品自动保护原则和自愿登记原则，即作品一产生，作者便享有版权，登记与否都受到法律保护。保护期限为作者有生之年，加上去世后50年。

市场经济与市场竞争

【问题聚焦】

市场经济（Market Economy）是指通过市场配置社会资源的经济形式，市场就是商品或劳务交换的场所或接触点（可以是有形的，也可以是无形的）。在市场上从事各种交易活动的当事人，不仅有买卖双方的关系，还会有买方之间、卖方之间的关系，这些都是市场主体。整体来说，在不考虑政府干涉的前提下，由供求关系决定的交换结果是市场经济的本质。

市场竞争是市场经济的基本特征之一。在市场经济条件下，企业从各自利益出发，为取得较好的产销条件、获得更多的市场资源而展开竞争。通过竞争，实现企业的优胜劣汰，进而实现生产要素的优化配置。

【几种企业竞争战略探讨】

● 高质量竞争战略。是指企业以高质量为竞争手段，致力于树立高质量的企业形象。高质量要以顾客需求为依据，注重产品的性能质量（包括产品的功能、耐用性、牢固性、可靠性、经济性、安全性等），不断进取，将高质量的战略理念和各项措施贯穿企业各项活动和创造价值的全过程。

● 低成本竞争战略。是指企业以低成本作为主要竞争手段，努力使自己在成本方面比同行的其他企业占有优势地位。实现低成本策略的关键是发挥规模经济的作用，使生产规模扩大、产量增加，从而降低单位产品固定成本。除此之外，企业还可以通过加强成本与管理费用的控制、使用先进设备等方式实现低成本竞争。

● 差异化竞争战略。差异化包括：产品的性能、质量、款式、商标、型号、档次、产地、生产产品所采用的技术、工艺、原材料以及售前售后服务、销售网点等方面的差异。差异化竞争战略可以减少与竞争对手的正面冲突，并在某一领域取得比较性竞争优势。比如：顾客对具有特色的产品可能并不计较价格或无法进行价格比较，从而可以高于竞争者的价格销售产品。实施差异化竞争战略可能要付出较高的成本代价。

● 集中优势竞争战略。企业并不面向整体市场的所有消费者推出产品和服务，而是专门为一部分消费者群体（局部市场）提供服务。集中精力于局部市场，集中资源进行投入，这对中小型企业特别是初创型企业来说，能够在激烈竞争中争取生存与发展的空间。采用集中优势竞争战略，既要能满足某些消费者群体的特殊需要，又要具有与差异化战略相同的优点，并且能在较窄的领域里以较低的成本进行经营，因此兼有低成本战略的一些优点。

企业竞争力

【问题聚焦】

企业竞争力就是在竞争性市场条件下，企业通过培育自身资源和能力，获取外部可寻资源，并综合加以利用，在为顾客创造价值的基础上，实现自身价值的综合性能力。竞争力强的企业，能够更有效地向市场提供产品和服务，并获得盈利和声望。

企业竞争力包括成本控制力、产品品质力、品牌影响力、团队执行力、文化凝聚力、持续发展力、风险承受力等，在企业竞争力当中能和企业优势资源匹配，并具有比较性竞争优势或绝对竞争优势的就是企业核心竞争力。

【企业市场竞争地位的识别与探讨】

● 市场领先者。是指行业中在同类产品的市场上占有率最高的企业。市场领先者可以采取三种策略：（1）扩大需求量（A.不断发现新的购买者和使用者；B.开辟产品的新用途；C.增加产品的使用量）。（2）保护市场占有率策略（A.阵地防御；B.侧翼防御；C.先发防御；D.反攻防御；E.运动防御；F.收缩防御）。（3）提高市场占有率（设法通过提高企业的市场占有率的途径来增加收益、保持自身的成长和主导地位）。

● 市场挑战者。指那些在市场上处于第二、第三甚至更低地位的企业，为争取达到市场领先地位，向竞争者发起挑战。市场挑战者可以采取的策略：（1）确定策略目标和挑战对象（A.攻击市场领先者；B.攻击市场挑战者或追随者；C.攻击地区中小型企业）。（2）选择进攻策略（A.正面进攻；B.侧翼进攻；C.围堵进攻；D.迂回进攻；5.游击进攻）。

● 市场跟随者。指那些在市场上处于第二、第三甚至更低地位的不采取市场挑战策略的企业。市场跟随者可以采取的策略：（1）紧密跟随；（2）保持距离跟随；（3）选择性跟随。

● 市场补缺者。指精心服务于某些细分市场，避开与占主导地位的企业竞争，只是通过发展独有的专业化经营来寻找生存与发展空间的企业。市场补缺者主要特征：（1）具有占据该补缺位置所必须的资源和能力；（2）有一定竞争力，又没有引起主要竞争对手注意；（3）目标人群有一定购买力，并具有一定市场潜力。市场补缺者可以采取的策略：（1）善于发现和尽快占领自己的补缺市场；（2）不断扩大和保护自己的补缺市场。

任务可团队分工完成，也可个人独立完成；可直接写在任务纸上，也可在自行准备的练习本上完成（注明任务名称）。

《创业需要相关流程与法律知识》翻转课堂情境图任务 A

时间TIME：
年　月　日

2学时

个人姓名：　　团队名称：　　任务名称：

实到团队成员：

迟到团队成员：

旷课团队成员：　　请假团队成员：

情境图任务的参考答案线索和思路都隐含在情境图和任务纸中，请灵活掌握。线索和思路不是标准答案，仅起到参考和抛砖引玉的作用。《授课说明》和课件 PPT 非学习必备配套，没有亦不影响使用。

创业与相关法律法规

请参考《创业需要相关流程与法律知识》情境图 A、A1-A3，完成以下任务：

1.结合案例阐述：创业为什么要了解相关法律法规？（翻转课堂）

2.结合实际案例阐述：法律是促进创业的还是约束创业的？（翻转课堂）

风险与机会-1

请参考《创业需要相关流程与法律知识》情境图B、B1，完成以下任务：

1.作为一名创业者，遇到图B1那样的困境，该如何解决？（翻转课堂）

2.希望是黑暗中点燃的一盏明灯，如果图B1右侧的那辆车就是你的希望，当你发现车是坏的，或者你不会开车，你会产生什么想法？（翻转课堂）

风险与机会-2

请参考《创业需要相关流程与法律知识》情景图B、B3，完成以下任务：

1.将猎人、狗熊、金钥匙、猎枪、兔子、宝藏、山洞串成一个完整的故事，写下来。

2.如果把猎人比作创业者，那么你认为狗熊、金钥匙、猎枪、兔子、宝藏、山洞各有什么含义？（翻转课堂）

与创办和经营企业相关的一些法律-1

请参考《创业需要相关流程与法律知识》情境图C、C1-C5，完成以下任务：

1.与创办和经营企业相关的一些法律有哪些？（翻转课堂）

2.结合实际案例阐述：在以上所列相关法律当中，你认为对创业和经营企业帮助最大的法律是哪个？为什么？（翻转课堂）

与创办和经营企业相关的一些法律-2

请参考《创业需要相关流程与法律知识》情境图C、C1-C5，完成以下任务：

1.结合实际案例阐述：现行的《劳动法》对创业和企业经营有哪些利弊？（翻转课堂）

2.结合案例阐述：《劳动法》《劳动合同法》和《民法典合同编》有哪些区别？（翻转课堂）

学习心得

根据任务的难度和完成的质量、数量、创新性、相关性、匹配程度等，给予具体评分：　90-99、80-89、70-79、60-69、50-59、40-49、30-39、0-29。未做任务者计0分。

讨论与分享

Legal knowledge and Process

课程思政

在以下思政元素中，选择一个与本模块章节相匹配的，学生团队讨论后，派代表上台分享相关案例。

1.创业带动就业，属于民生工程。
2.创业精神，如创新精神、合作精神、民族精神、进取精神、拼搏精神、艰苦奋斗精神、吃苦耐劳精神等。
3.创业与青年学子的理想、使命与担当。
4.创业与个人价值、社会价值的实现，如何为国家繁荣富强做出贡献。
5.创业法律法规与法治。
6.创业中的敬业。
7.创业中的诚信。
8.创业中的友善。
9.创业中融入爱国主义，通过培养创新创业精神，在创新创业实践中开展爱国主义教育。
10.创业中自己要成为什么样的人？如何成为社会主义建设者和接班人，如何为人民服务？
11.创业理论学习与实践中，如何理解理论性和实践性相统一，如何理解“认识-实践-再认识-再实践”。
12.创业与四个自信、四个意识。
13.创业精神与历史主动精神。
14.创业技能与工匠精神。
15.创业实践与劳动教育。
16.创业人才与国家战略发展和人才管理。
17.其他思政元素（具体填写）：____________________

____

创新创业课程资源库

案例 • 教案 • 音视频 • PPT课件 • 电子教材
策划方案 • 课程思政资料和图片 • 创业计划书

扫描二维码，进入课程思政专栏

我的思考：

团队讨论

任务可团队分工完成，也可个人独立完成；可直接写在任务纸上，也可在自行准备的练习本上完成（注明任务名称）。

《创业需要相关流程与法律知识》翻转课堂情境图任务 B

时间TIME：
年 月 日

2学时

个人姓名： 团队名称： 任务名称：

实到团队成员：

迟到团队成员：

旷课团队成员： 请假团队成员：

情境图任务的参考答案线索和思路都隐含在情境图和任务纸中，请灵活掌握。线索和思路不是标准答案，仅起到参考和抛砖引玉的作用。《授课说明》和课件 PPT 非学习必备配套，没有亦不影响使用。

故事情境探讨

请参考《创业需要相关流程与法律知识》情境图 B、B2，完成以下任务：

1.你在寻找宝藏的途中，要经过一条有鳄鱼的河，当时你除了会游泳之外没有任何可借助的过河工具，你会打算如何做？（翻转课堂）

2.当你不小心滑进河里，鳄鱼向你游过来的时候，你会拼命游向对岸还是游回离自己最近的岸上？为什么？（翻转课堂）

关于纳税-1

请参考《创业需要相关流程与法律知识》情境图D、D1-D4，完成以下任务：

1.参照情景图D1，结合案例阐述：为什么要纳税？（翻转课堂）

2.创业者需要知道的纳税类型有哪些？纳税比例分别是多少？（翻转课堂）

关于纳税-2

请参考《创业需要相关流程与法律知识》情境图D、D1-D4，完成以下任务：

1.结合案例阐述：哪些创业者不用交企业所得税，但要交个人所得税，交个人所得税的比例是多少？（翻转课堂）

2.结合案例阐述：小规模纳税人的应纳税该如何计算？（翻转课堂）

关于申请专利

请参考《创业需要相关流程与法律知识》情境图E、E1、E2、E3，完成以下任务：

1.专利申请有哪些类型？

2.结合案例阐述：申请专利有哪些好处？（翻转课堂）

3.专利申请有哪些步骤？

企业工商注册登记基本流程与知识产权

请参考《创业需要相关流程与法律知识》情境图F、G，完成以下任务：

1.结合案例阐述：企业工商注册登记基本流程有哪些？

2.结合案例阐述：与知识产权相关的法律有哪些？（翻转课堂）

3.如果你打算为进行的项目申请商标注册，应该申请哪几类？如何申请？（翻转课堂）

学习心得

根据任务的难度和完成的质量、数量、创新性、相关性、匹配程度等，给予具体评分：90-99、80-89、70-79、60-69、50-59、40-49、30-39、0-29。未做任务者计0分。

创业基础训练之 8

创业需要商业计划书

创业基础训练之 8
创业需要商业计划书

A 创业为什么需要商业计划书？

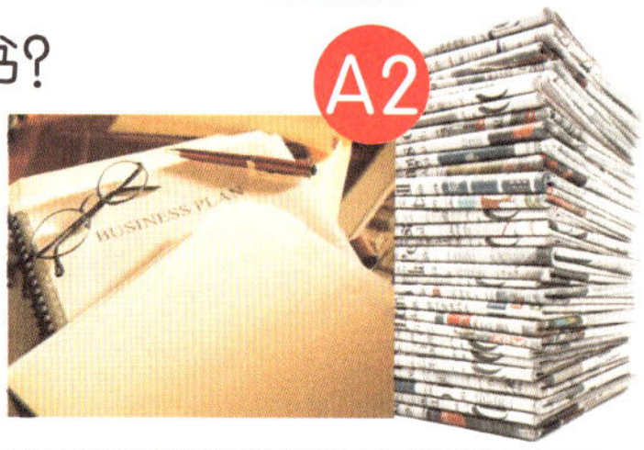

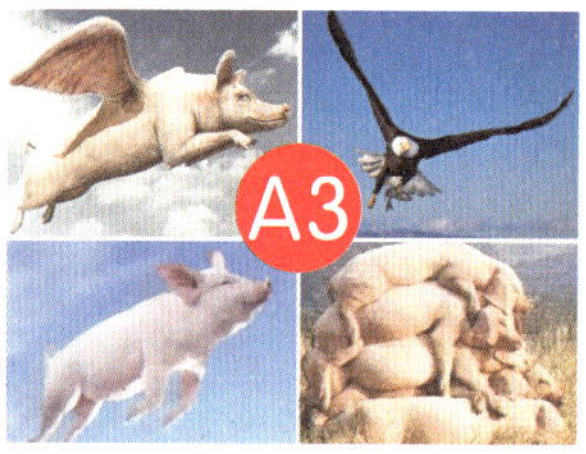

B 商业计划书的作用

BP是块敲门砖

一份好的商业计划书可以帮助企业：

B2 融资

B3 梳理产品逻辑

B4 明确业务走向

B5 做好资金规划

C 商业计划书结构

商业计划书（英文名称为Business Plan）

商业计划书也叫商业策划书，是公司、企业或项目单位为了达到招商融资和其他发展目标之目的，在经过前期对项目科学地调研、分析、搜集与整理有关资料的基础上，根据一定格式和内容的具体要求而编辑整理的一个全面展示公司和项目状况、未来发展潜力与执行策略的书面材料。

产品和服务具有独一无二的优势吗？这些优势体现在技术、品牌、成本等哪些方面？这些优势能保持多长时间？

LOGO

标题（项目名称）

落款 提交时间

封面、目录、摘要、正文、格式完整、结尾或附录

商业模式、产品、服务等方面有哪些创新？

商业计划书评分参考：

- 商业模式 20%：如何把产品和服务转化为利润？着重阐述项目商业模式和赢利模式的可行性。
- 数据 18%：市场容量、市场份额、竞争状况——调查研究、查阅相关调查报告、搜索相关数据等；财务数据
- 团队构成 10%：核心团队成员特长介绍、职责分工、股份比例等，股份比例是团队结构的重要构成要素。
- 融资需求 5%：稀释股权、融资金额及使用计划等。
- 格式完整 10%
- 产品服务 25%
- 创新性 12%

财务预测：

1、包括投资预算表、收入预测表、资金平衡表、季度财务报表、年度财务报表等。

2、同一时期的估价现金流分析。

3、突出成本控制系统。

经营状况：毛利和净利；盈利能力和持久性；固定的、可变的和半可变的成本；达到收支平衡所需的月数等。

D 商业计划书的撰写步骤

商业计划书的核心是阐述三个问题：

D1 我们所做的事情是什么？

D2 我们为谁在提供何种价值的服务或产品？

D3 我们如何实现？

围绕以上三个核心问题，一份优秀的商业计划包括附录在内一般20－30页，过于冗长的商业计划反而会让人失去耐心。整个商业计划的写作是一个循序渐进的过程，可以分成五个阶段完成。

第一阶段：商业计划构想细化，初步提出计划的构想。

第二阶段：市场调查。和行业内的企业和专业人士进行接触，了解整个行业的市场状况，如产品价格、销售渠道、客户分布以及市场发展变化的趋势等因素。可以自行进行一些问卷调查，在必要时也可以求助于市场调查公司。

第三阶段：竞争者调查。确定你的潜在竞争对手并分析本行业的竞争方向。如何销售？如何寻找形成战略伙伴？谁是你的潜在盟友？准备一份一到两页的竞争者调查小结。

第四阶段：财务分析。包括对公司的价值评估。尽可能将所有的可能性都考虑到了。财务分析量化本公司的收入目标和公司战略。要求详细而精确地考虑实现公司所需的资金。

第五阶段：商业计划的撰写、修改与优化。所收集到的信息制订公司未来的发展战略，把相关的信息按照商业计划书结构进行调整，完成整个商业计划的写作。在计划完成以后仍然可以进一步论证计划的可行性，并根据信息的积累和市场的变化不断进行完善。

E1 创业计划书附录（证明材料）

主要对创业计划书中涉及的一些问题的细节和相关的证书、图表进行描述或证明。主要包括：

营业执照	税务登记证	公司章程
验资审计报告	高新技术企业（项目）证书	
鉴定证书	市场调查报告	企业宣传资料

…… 各种财务报表及财务预估表等也可作为附件

E2 创业计划书之风险分析（评估）

主要分析企业或项目可能面临的各种风险、大小以及采取何种措施来防范或降低风险、增加收益等。

企业或项目自身的条件限制（资源、经验和生产条件等）

创业者自身条件的不足（技术、经验和管理能力等尚不具备）。

市场、技术开发、财务收益的不确定性。

企业或项目团队进行的风险控制和防范的对策或措施。

F 商业计划书路演

实践类　　创意类

用一句话来描述商业计划书路演每个要点

F2 用一句话清晰地描述你的商业模式。

F3 用一句话来明确表述：你的创新及时解决了用户哪些问题？填补了市场哪些空缺？

F4 用一句话（包括具体数字）描述巨大的市场规模和潜在的远景。

F5 用一句话概括你的竞争优势。

F6 用一句话形容你和你的团队是一个"成功组合"。

F7 用一句话（包括具体数字和时间）概述：你将如何在较短的时间内让投资人获取最大收益？

创业计划书

【问题聚焦】

创业方案包括创业计划书、商业计划书。创业计划书的重点是描述创业做什么，准备怎么做，财务预测分析以及相关工作和资源的安排说明。商业计划书的重点是商业运营计划，包括企业或项目的商业基础（做什么产品或服务、目前状况以及已经构建的业务基础）、商业模式（通过什么样的方式运营赢利）、商业分析（项目优势和亮点、回报分析）、未来计划等。

【创业计划书主要构成要素】

● 事业描述。你的事业到底是什么。描述所要进入的是什么行业，产业生命周期处于哪个阶段，卖什么产品或提供什么服务，谁是主要的客户，用什么样的组织形式。

● 产品/服务。从能带给客户的利益、与竞争对手的差异以及创新与独特之处三个方面描述提供的特色产品或服务。

● 目标市场。市场营销一定要找准目标市场，根据目标消费群选择适合的营销通路、价格策略、市场推广方案等。

● 经营地点。特别是门店选址，门店成功经营有四大法宝：第一是门店选址；第二是门店选人（主要选店长）；第三是门店选产品；第四是门店培训。

● 竞争分析。主要有：（1）主要竞争对手有哪些；（2）竞争对手的优势和劣势；（3）与竞争对手产品或业务相似程度如何；（4）从竞争对手那里学到了什么，如何才能做得比他们好。

● 团队管理。主要有：创业团队成员关键能力是否互补、分工职责是否界定明确，有没有管理经验和方法等。

● 满足人才需求。企业对人才的核心需求与人才的发展需求是否匹配？从哪里引进专业技术人才？薪酬和福利待遇如何设计？培训投入预算是多少？

● 财务需求与运用。主要有：如何筹资？融资到的款项如何有效使用？未来3年的现金流量、经营损益、资产负债等是否能比较准确地预估？

● 风险控制。主要有风险预测与制定风险控制方案。

● 成长与发展。下一步要怎么做？三年后会怎么样？五年后会怎么样？创业计划书不仅要解决如何生存，还要有未来和发展视野。

创业融资渠道

【问题聚焦】

企业的融资是企业寻求资金帮助、快速发展与壮大的重要手段。由于创业型企业在创业初期会存在一定时期的资金回笼空白期，会导致启动资金不足的情况。有些项目对创业期间资金的要求比较高，如果缺乏相应的应对措施，极有可能使非常具有市场前景的项目夭折。如何通过多种渠道的融资使企业得到运营资金，帮助企业度过困难时期或帮助企业进行扩大生产占领市场，是现代创业型企业快速发展壮大的重要方式，对创业型企业有着重要的意义。

创业项目融资渠道主要有两种：（1）债权融资（包括银行贷款、民间借款、发行企业债券、拆借、典当、融资租赁等）；（2）股权融资（包括风险投资、私募股权、增资扩股、员工持股、公开募股等）。股权融资不需要还本付息，只需要在企业盈利的情况分红，但有时需要让渡企业的管理权。

【创业型企业几种融资途径探讨】

● 银行贷款。银行贷款种类越来越多，条件也不断放松，创业者可视情况选择适合自己的。银行贷款主要有：（1）个人创业贷款：经银行审核后对符合条件的创业者而发放的一种专项贷款。（2）商业抵押贷款：银行对外办理的许多个人贷款，只要抵押手续符合要求，银行不问贷款用途。（3）保证贷款：如果没有存单、国债、保单等，但家人或亲朋好友有一份稳定的收入，可以成为信贷资源，律师、医生、公务员、事业单位员工以及金融行业人员是信用贷款的优待对象，这些行业的从业人员只需找一到两个同事担保，就可以在金融机构获得10万元左右的保证贷款。

● 典当贷款。典当是以实物为抵押，以实物所有权转移的形式取得临时性贷款的一种融资方式。典当物品的范围包括：金银珠宝、古玩字画、有价证券、家用电器、汽车、服装等私人财物。典当行一般按照抵押商品现时市场零售价的50%~80%估价，到期不能办理赎回的可以办理续当手续。典当贷款也是一条简便、快捷、安全、可靠的融资渠道。

● 政府担保贷款。自2003年起，中国人民银行会同财政部、国家经贸委、劳动和社会保障部共同推出了“下岗失业人员小额担保贷款”，为有志于个人创业的下岗职工提供资金帮助。很多地区还成立了担保基金、协会、中心等，为个人创业贷款筹资提供担保。

● 合伙入股。合伙创业可以有效筹集到资金，充分发挥人才的作用，还有利于对各种资源的利用与整合。合伙投资需要：（1）明晰投资份额；（2）确定企业章程；（3）加强合作和信息沟通。

任务可团队分工完成，也可个人独立完成；可直接写在任务纸上，也可在自行准备的练习本上完成（注明任务名称）。

《创业需要商业计划书》翻转课堂情境图任务 A

时间TIME：
年　月　日

2学时

个人姓名：　　团队名称：　　任务名称：

实到团队成员：

迟到团队成员：

旷课团队成员：　　请假团队成员：

情境图任务的参考答案线索和思路都隐含在情境图和任务纸中，请灵活掌握。线索和思路不是标准答案，仅起到参考和抛砖引玉的作用。《授课说明》和课件 PPT 非学习必备配套，没有亦不影响使用。

关于商业计划书的一些探讨

请参考《创业需要商业计划书》情境图 A、A1、A2，完成以下任务：

1.结合案例阐述：创业为什么要写商业计划书？（翻转课堂）

2.结合案例阐述：商业计划书是越厚越好还是越薄越好？（翻转课堂）

商业计划书的作用-1

请参考《创业需要商业计划书》情境图B、B1-B5，完成以下任务：

1.结合案例阐述：为什么说商业计划（BP）是一块敲门砖？（翻转课堂）

2.用于融资是商业计划书一大功能，结合实际案例阐述：创业需要融资吗？为什么？（翻转课堂）

商业计划书的作用-2

请参考《创业需要商业计划书》情境图B、B1-B5，完成以下任务：

1.结合案例阐述：为什么说商业计划（BP）能帮助创业者梳理产品逻辑？

2.结合案例阐述：为什么说商业计划（BP）能帮助创业者明确业务走向？

3.结合案例阐述：为什么说商业计划（BP）能帮助创业者做好资金规划？

商业计划书结构-1

请参考《创业需要商业计划书》情境图 C，完成以下任务：

1.结合案例阐述：什么是商业计划书？（翻转课堂）

2.结合案例阐述：商业计划书主要包括哪些内容？按商业计划书的评分比例参考，你认为商业计划书最重要的3个部分分别是什么？（翻转课堂）

商业计划书结构-2

请参考《创业需要商业计划书》情境图 C，完成以下任务：

1.商业计划书的完整格式包括哪些？封面要包括哪些要素？为什么说封面的标题是商业计划书之“眼”？

2.商业计划书的数据呈现由哪些部分构成？其中最重要的是财务数据，包括经营数据和财务预测，具体表现在什么方面？（翻转课堂）

学习心得

根据任务的难度和完成的质量、数量、创新性、相关性、匹配程度等，给予具体评分： 90-99、80-89、70-79、60-69、50-59、40-49、30-39、0-29。未做任务者计 0 分。

讨论与分享

课程思政

在以下思政元素中，选择一个与本模块章节相匹配的，学生团队讨论后，派代表上台分享相关案例。

1.创业带动就业，属于民生工程。
2.创业精神，如创新精神、合作精神、民族精神、进取精神、拼搏精神、艰苦奋斗精神、吃苦耐劳精神等。
3.创业与青年学子的理想、使命与担当。
4.创业与个人价值、社会价值的实现，如何为国家繁荣富强做出贡献。
5.创业法律法规与法治。
6.创业中的敬业。
7.创业中的诚信。
8.创业中的友善。
9.创业中融入爱国主义，通过培养创新创业精神，在创新创业实践中开展爱国主义教育。
10.创业中自己要成为什么样的人？如何成为社会主义建设者和接班人，如何为人民服务？
11.创业理论学习与实践中，如何理解理论性和实践性相统一，如何理解“认识–实践–再认识–再实践”。
12.创业与四个自信、四个意识。
13.创业精神与历史主动精神。
14.创业技能与工匠精神。
15.创业实践与劳动教育。
16.创业人才与国家战略发展和人才管理。
17.其他思政元素（具体填写）：______________________

____

创新创业课程资源库

案例 • 教案 • 音视频 • PPT课件 • 电子教材

策划方案 • 课程思政资料和图片 • 创业计划书

扫描二维码，进入课程思政专栏

我的思考：

团队讨论

任务可团队分工完成，也可个人独立完成；可直接写在任务纸上，也可在自行准备的练习本上完成（注明任务名称）。

《创业需要商业计划书》翻转课堂情境图任务 B

时间TIME：
年　月　日

2学时

个人姓名：　　　　团队名称：　　　　任务名称：

实到团队成员：

迟到团队成员：

旷课团队成员：　　　　请假团队成员：

情境图任务的参考答案线索和思路都隐含在情境图和任务纸中，请灵活掌握。线索和思路不是标准答案，仅起到参考和抛砖引玉的作用。《授课说明》和课件 PPT 非学习必备配套，没有亦不影响使用。

关于商业计划书的一些探讨

请参考《创业需要商业计划书》情境图 A、A3、A4，完成以下任务：

1.结合案例阐述：你对情景图A3是如何理解的？（翻转课堂）

2.结合案例阐述：为什么说商业计划书是张寻宝图？（翻转课堂）

商业计划书的撰写步骤-1

请参考《创业需要商业计划书》情境图D、D1-D3，完成以下任务：

1.结合案例阐述：商业计划的核心是阐述哪三个问题？（翻转课堂）

2.“一份优秀的商业计划包括附录在内一般20~30 页，过于冗长的商业计划反而会让人失去耐心。”结合案例阐述，你对这句话有何看法？（翻转课堂）

商业计划书的撰写步骤-2

请参考《创业需要商业计划书》情境图D、D1-D3，完成以下任务：

1.结合案例阐述：撰写商业计划书第一阶段、第二阶段、第三阶段分别有哪些主要内容？

2.结合案例阐述：撰写商业计划书第四阶段、第五阶段分别有哪些主要内容？

商业计划书的风险分析与证明材料

请参考《创业需要商业计划书》情景图E1、E2，完成以下任务：

1.结合案例阐述：商业计划书的证明材料有哪些？有什么作用？

2.结合案例阐述：如何对商业项目进行风险评估？

商业计划书路演

请参考《创业需要商业计划书》情景图 F、F1-F8，完成以下任务：

1.结合案例阐述：商业计划书的路演，实践类和创意类有什么区别？

2.请用一句话描述商业计划书路演的每个要点。（结合自己的或别人的商业计划书）（翻转课堂）

学习心得

根据任务的难度和完成的质量、数量、创新性、相关性、匹配程度等，给予具体评分：　90-99、80-89、70-79、60-69、50-59、40-49、30-39、0-29。未做任务者计 0 分。

大学生创业调查

大学生 创业调查问卷

start a business

College students' Questionnaire

问题的回答无对错之分，请在符合您实际情况或想法的选项上打“√”或填上对应内容。除注明多选题外，未注明的均为单选。

1.您赞成大学生创业吗?
（1）非常赞同　（2）比较赞同　（3）不好说　（4）不太赞同
（5）非常不赞同　（6）其他意见（填写）________

2.您会选择自主创业吗?
（1）会　（2）不会　（3）条件合适可能会选择　（4）正在进行创业

3.您最希望的毕业后的去向是：
（1）国内继续深造　（2）国外继续深造　（3）考公务员或事业单位
（4）到国企工作　（5）到外企工作　（4）到私企工作
（5）自主创业，发展自己的事业　（6）其他（填写）________

4.您认为大学生创业的原因是什么?（可多选）
（1）最大限度实现自我价值　（2）想自己当老板，不想为别人打工
（3）崇尚弹性工作时间和空间，能自由支配　（4）可做自己喜欢的事情
（5）可赚更多钱，改善经济条件　（6）解决自己就业同时帮助别人就业
（7）用专业知识、智慧为社会创造财富　（8）其他（填写）________

5.您认为一个准备创业的大学生需要具备哪些能力?（可多选）
（1）专业基础知识　（2）管理领导能力　（3）持续学习能力
（4）把握机会的能力　（5）沟通协调与处理社会关系的能力
（6）熟悉创业政策与环境　（7）承受与规避风险能力
（8）获取资源的能力　（9）其他（填写）________

6.如果创业，您认为自己最需要补充的知识和技能有哪些?（可多选）
（1）市场营销　（2）财务税收　（3）人力资源管理
（4）生产管理　（5）创业相关政策法规　（6）创业机会和环境分析
（7）其他（填写）________　（8）现有知识已满足需求，无需补充

7.您获取创业知识的来源是：（可多选）
（1）学校授课　（2）家庭环境　（3）亲身实践　（4）媒体和社会宣传
（5）同学或朋友　（6）学校课外活动　（7）其他（填写）________

8.您是否参加过创业相关培训讲座或创业比赛?
（1）是　（2）否

9.您认为学校的创业教育对大学生是否重要?
（1）非常重要　（2）比较重要　（3）一般　（4）不太重要
（5）无足轻重　（6）其他（填写）________

10.您认为学校在大学生创业过程中应该做好哪些工作?（可多选）
（1）开设创业教育选修课或必修课　（2）提供创业基金帮助大学生创业
（3）举办创业大赛（如挑战杯）　（4）设立创业指导机构提供服务
（5）建设创业实践基地　（6）营造宽松的创业环境
（7）经常请创业成功人士或创业领域专家开设讲座
（8）其他建议（填写）________

11.您对政府出台的创业政策熟悉程度如何?
（1）非常熟悉　（2）比较熟悉　（3）一般了解　（4）不太熟悉
（5）很不熟悉　（6）完全不了解

12.您对目前大学生创业的保障机制（包括政府扶持政策、创业教育培训、金融支持、社会环境等综合因素）是否满意?
（1）非常满意　（2）比较满意　（3）一般　（4）不太满意　（5）很不满意

13.您认为政府相关扶持政策对大学生创业是否重要?
（1）非常重要　（2）比较重要　（3）一般　（4）不太重要　（5）无关紧要

14.您认为政府在大学生创业方面应该给予哪些扶持?（可多选）
（1）为大学生提供创业种子基金　（2）提供税收优惠政策
（3）放宽新企业的审批及简化审批程序　（4）提供贷款优惠政策
（5）提供各类创业补贴　（6）提供创业场地　（7）规范与完善相关法律体系
（8）建立大学生创业服务机构，提供信息、技术、政策、培训等专业服务
（9）建立大学生创业基地或创业孵化园　（10）宣传鼓励，培育良好创业氛围
（11）敦促各大高校开设创业教育课程　（12）其他建议（填写）________

15.如果创业，您会选择哪种方式进行创业?
（1）开办公司　（2）加盟连锁公司　（3）搞科研发展
（4）开网店　（5）开小店或摆地摊　（6）参加创业大赛
（7）其他方式（填写）________

16.如果创业，您会选择哪个领域?
（1）与自身专业相结合的领域　（2）当今的热门领域（如网络、软件等）
（3）自己感兴趣的领域　（4）启动资金少、容易开业且风险较低的行业
（5）其他领域（填写）________

17.如果创业，您会从哪个渠道筹集初始资金?（可多选）
（1）政府设立的创业专项基金或优惠贷款　（2）银行等金融机构贷款
（3）风险投资　（4）父母、亲友的资助　（5）自有资金　（6）其他________

18.您有过创业经历吗?　（1）有　（2）没有

以下为有创业项目或有创业经历的人士填写

19.您的创业项目主要属于哪个行业?
（1）电子商务　（2）软件开发　（3）食品　（4）数码产品　（5）贸易
（6）服装服饰　（7）机械制造　（8）信息技术　（9）酒店服务
（10）养殖种植　（11）教育培训　（12）其他（填写）________

20.您的创业项目主要来源于哪里?（可多选）
（1）所学专业　（2）亲戚朋友推荐　（3）学校、老师推荐　（4）媒体宣传
（5）市场分析　（6）自己的兴趣　（7）其他（填写）________

21.您享受过政府的哪些创业扶持政策?（可多选）
（1）创业种子基金　（2）税收优惠　（3）小额担保贷款、贷款贴息
（4）工商登记等费用减免　（5）创业场地支持　（6）创业咨询和指导
（7）其他（填写）________　（8）没有享受过扶持政策

22.您创业的初始资金来源主要有哪些?（可多选）
（1）申请的政府创业专项基金或优惠贷款　（2）银行贷款　（3）风险投资
（4）父母、亲友的资助　（5）个人储蓄　（6）其他（填写）________

23.包括您本人在内，有多少员工参与您的创业项目?
（1）1–2人　（2）3–5人　（3）6–10人　（4）10人以上

24.您的创业项目带来的经济效益如何?
（1）有较大盈利　（2）有一定盈利　（3）盈亏持平
（4）有些亏损　（5）有较大亏损　（6）被收购

25.就您创业经历，您认为影响大学生创业成功主要因素有哪些?（可多选）
（1）创业项目　（2）创业资金　（3）市场的需求　（4）个人经营管理经验
（5）个人专业知识和能力　（5）学校鼓励与支持　（6）政府政策支持力度
（7）家庭经济条件和资源　（8）家庭鼓励与支持　（9）其他________

创业意愿测试

姓名 ________

年龄 ________　性别 ________

请在右边的每行表格中选择一个最符合自身情况的框框，并在框内打“√”

问题 \ 认同度	完全不同意	比较不同意	稍微不同意	不好评价	稍微同意	比较同意	完全同意
1.我的职业发展目标是成为企业家							
2.我会尽一切努力去创办自己的企业							
3.我认真考虑过创业的事情							
4.我决定将来要自己创业							
5.我已做好成为创业者的所有准备							
6.我坚信自己将来一定能创建企业							

讨论与分享

我的思考：

陈宏老师创新创业系列课程资源库网站

案例 ● 教案 ● 音视频 ● PPT课件 ● 电子教材

策划方案 ● 各类交流资料和图片 ● 创业计划书

大量资源　免费下载

团 队 讨 论

附记

创业型大学在成长

广东岭南职业技术学院创业实训基地之后街

从2014年9月夏季达沃斯论坛上中国提出“大众创业，万众创新”至今，创新创业覆盖了包括餐饮、商贸、化妆品、农业（种植、养殖、养老）、互联网、物联网、App行业、医疗设备、生物医药、健康行业、文化、教育、旅游等在内的几乎所有民用行业和商业领域。为推进创新创业教育，教育部2015年下文（教学【2015】12号）要求所有高校对所有学生开设创新创业教育必修课并纳入学分管理。广东岭南职业技术学院是国内将学生创业教学、创业项目实训、创业项目孵化园结合起来并率先落地的创业型大学，学校开设的“创新创业通识”为全校公共必修课程，覆盖了广东岭南职业技术学院所有二级学院，如药学院、护理与健康学院、现代管理学院、国际经贸学院、电子商务学院、信息工程学院、智能制造学院、建筑与艺术学院（星力量动漫游戏学院）等，现有超过40000余名学生对该课程进行了创新性的系统学习。

01 创业 通识教学

02 创新 创业实训

03 创业 项目孵化

作者致谢

在《创新创业基础》（第三版）的编著探索过程中，得到了广东岭南职业技术学院教务处翟树芹处长、原岭南创业管理学院张锦喜院长的指导，以及创新创业通识课程诸多授课老师的帮助，在此向他们表示衷心感谢！

《创新创业基础》（第三版）撰写和设计的过程中得到肖自美教授、陈志娟教授、梁铭津女士的关心和支持，在此表示深深的感谢！与此同时，对南京大学出版社的编辑老师在此书出版过程中的辛勤付出表示衷心的感谢！